글 스토리랩

'이야기 연구실'이라는 뜻의 스토리랩은 기획자, 작가, 편집자로 이루어진 창작 집단입니다. 각 분야에서 오랫동안 활동한 전문가들이 더 유익하고 새로운 콘텐츠를 만들기 위해 노력하고 있습니다. 주요 작품으로는 《손흥민 꿈을 향해 달려라》 시리즈, 《who? 스페셜 오타니 쇼헤이》 등이 있습니다.

그림 이유철

한국출판미술대전1999에서 장려상을 수상했으며, 애니메이션 동화 작업을 시작으로 EBS 방송 교재와 초·중 학교 교재 삽화를 오랫동안 다수 작업해 왔습니다. 현재 〈과학소년〉에 만화를 연재하고 있으며, 주요 작품으로는 《상상영단어》, 《몸의 주인은 나야!》, 《그리스 로마 신화》, 《why? 스포츠 야구》, 《who? 스페셜 킬리안 음바페》 등이 있습니다.

다산어린이 공식 카페

책을 더 재미있게, 책을 더 오래 기억하는 방법
다산어린이 공식 카페에는 다양한 독서 활동 자료가 있습니다.
자료를 활용하여 아이들의 독서 흥미를 더욱 키워 주세요.

who? special

MINJAE
김민재

글 스토리랩
그림 이유철

존 던컨 John B. Duncan
미국 UCLA 아시아언어문화학부 교수

한국학 분야의 세계적인 석학으로 미국 UCLA 한국학 연구소 소장 및 동 대학의 아시아언어문화학부 교수를 겸직하고 있습니다.

자신만의 멘토를 만날 수 있는 who? 시리즈

다산어린이의 《who?》 시리즈는 어린이들은 물론 어른들에게도 재미와 감동을 주는 교양 만화입니다. 《who?》 시리즈는 전 세계 인류에 영향력을 끼친 인물들로 구성되었으며 인물들의 삶과 사상을 객관적으로 전해 줍니다.

이처럼 다양한 나라와 분야에서 활약한 위인들의 이야기를 통해 과학, 예술, 정치, 사상에 관한 정보는 물론이고, 나라별 문화와 역사까지 배우게 될 것입니다. 《who?》 시리즈의 가장 큰 장점은 위인들이 그들의 삶에서 겪은 기쁨과 슬픔, 좌절과 시련, 감동을 어린이들이 함께 느낄 수 있다는 것입니다. 어린이들은 이 책을 읽으면서 폭넓은 감수성을 함양하게 됩니다.

《who?》 시리즈의 어린이 독자들이 책 속의 위인들을 통해 자신만의 멘토를 만나 미래의 세계적인 리더로 성장하기를 진심으로 응원합니다.

세상을 더 나은 곳으로 만든 사람들의 이야기

에드워드 슐츠 Edward J. Shultz
하와이 주립 대학교 언어학부 교수

하와이 주립 대학교 언어학부 교수인 에드워드 슐츠는 동 대학의 한국학센터 한국학 편집장을 역임한 세계적인 석학입니다.

어린이들은 자라면서 수많은 궁금증을 가지게 됩니다. 그중에서도 "저 사람은 누굴까?"라는 질문은 종종 아이들의 머릿속을 온통 지배해 버리기도 합니다. 다산어린이에서 출간된《who?》시리즈는 그런 궁금증을 해결해 주기 위해 지구촌 다양한 분야의 리더들을 소개하고 있습니다.

《who?》시리즈에 등장하는 인물들은 인종과 성별을 넘어 세상을 더 나은 곳으로 만든 사람들입니다. 어린이들은 이 책에서 디지털 아이콘으로 불리는 스티브 잡스는 물론 니콜라 테슬라와 같은 천재 발명가를 만날 수 있습니다.

책 속 주인공들의 어린 시절 이야기를 통해 기쁨과 슬픔, 도전과 성취감을 함께 맛보고, 그들과 함께 성장하면서 스스로 창조적이고 인류에 도움이 되는 사람이 되겠다는 포부와 자신감을 갖게 될 것입니다.《who?》시리즈 속에서 다채롭고 생동감 넘치는 위인들의 이야기를 만나 보세요.

추천의 글 · 4 | 프롤로그 · 8

1장 바닷가 소년, 축구 선수를 꿈꾸다!   12
통합 지식 플러스❶ 우리나라 축구의 시작   34

2장 꿈을 찾아가는 길   38
통합 지식 플러스❷ 아시아의 축구 리그   62

3장 프로의 세계로!   66
통합 지식 플러스❸ 세리에 A   86

4장 아시안 게임 우승의 주역   90
통합 지식 플러스❹ 전설로 남은 수비수들   110

⚽ **5장** 힘난한 해외 진출　　　　　　　　　　　114

　　통합 지식 플러스⑤ 축구 리그의 명문 팀　　　134

🏷️ **6장** 유럽 무대에 등장한 괴물　　　　　　　　138

　　통합 지식 플러스⑥ 실내에서 즐기는 축구, 풋살　154

👟 **7장** 세계 최고의 수비수　　　　　　　　　　158

인물 돋보기 · 178

연표 · 180 ｜ 독후 활동 · 182

2023년 5월 5일, 이탈리아 남부의 도시 나폴리는 순식간에 축제 분위기에 휩싸였습니다. 이 지역을 연고로 둔 프로 축구 클럽인 SSC 나폴리가 이탈리아 프로 축구 리그 세리에 A의 우승을 확정 지었기 때문입니다.

97년 클럽 역사상 세 번째 우승이자 무려 33년 만의 리그 정복이었습니다.

1장

바닷가 소년, 축구 선수를 꿈꾸다!

> "민재가 지금 꾸는 꿈,
> 마음껏 펼칠 수 있다면
> 우리가 뭐든 해야죠!"

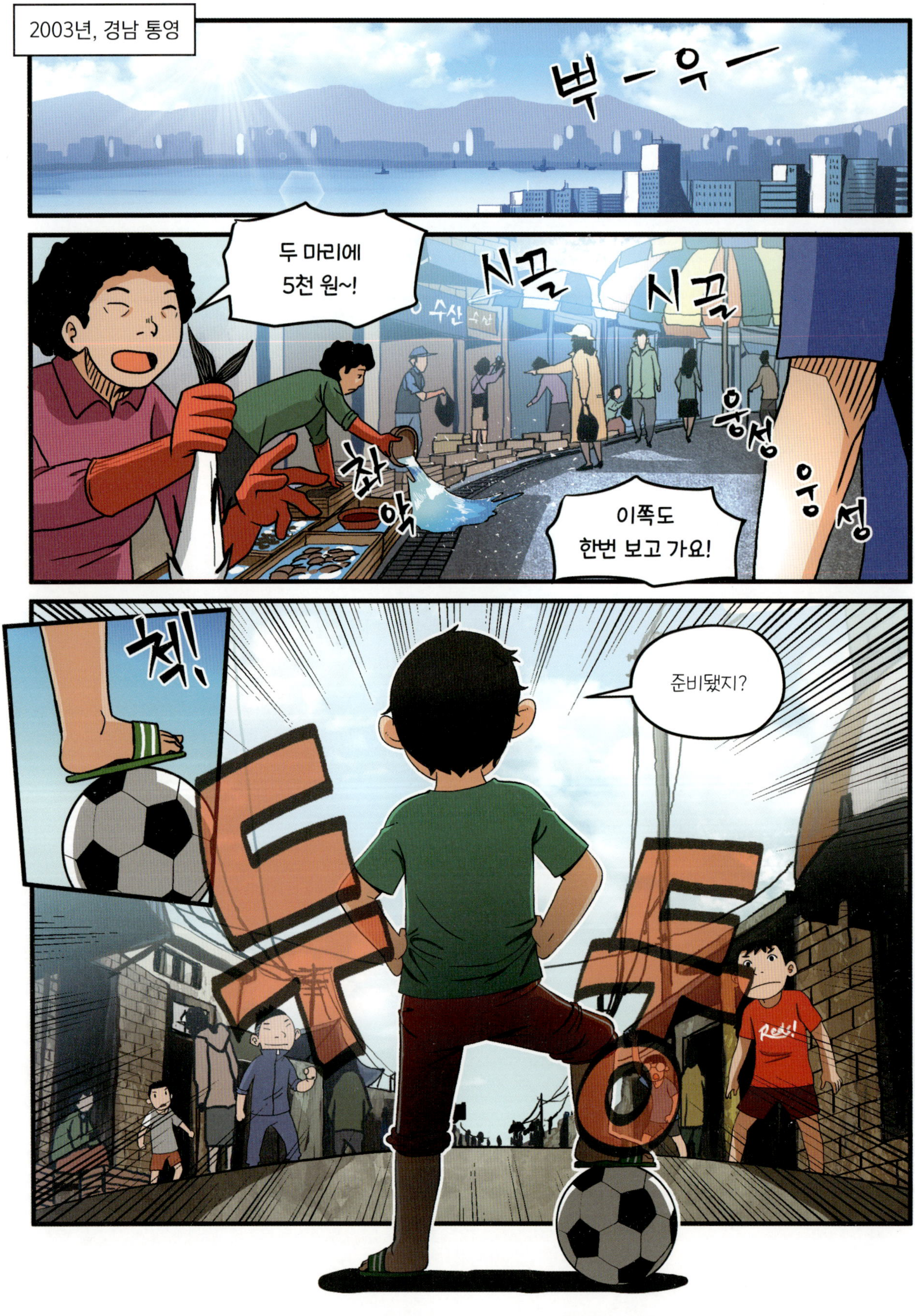
2003년, 경남 통영
뿌-우-
두 마리에 5천 원~!
시끌 시끌
촤악
이쪽도 한번 보고 가요!
웅성 웅성
척!
준비됐지?

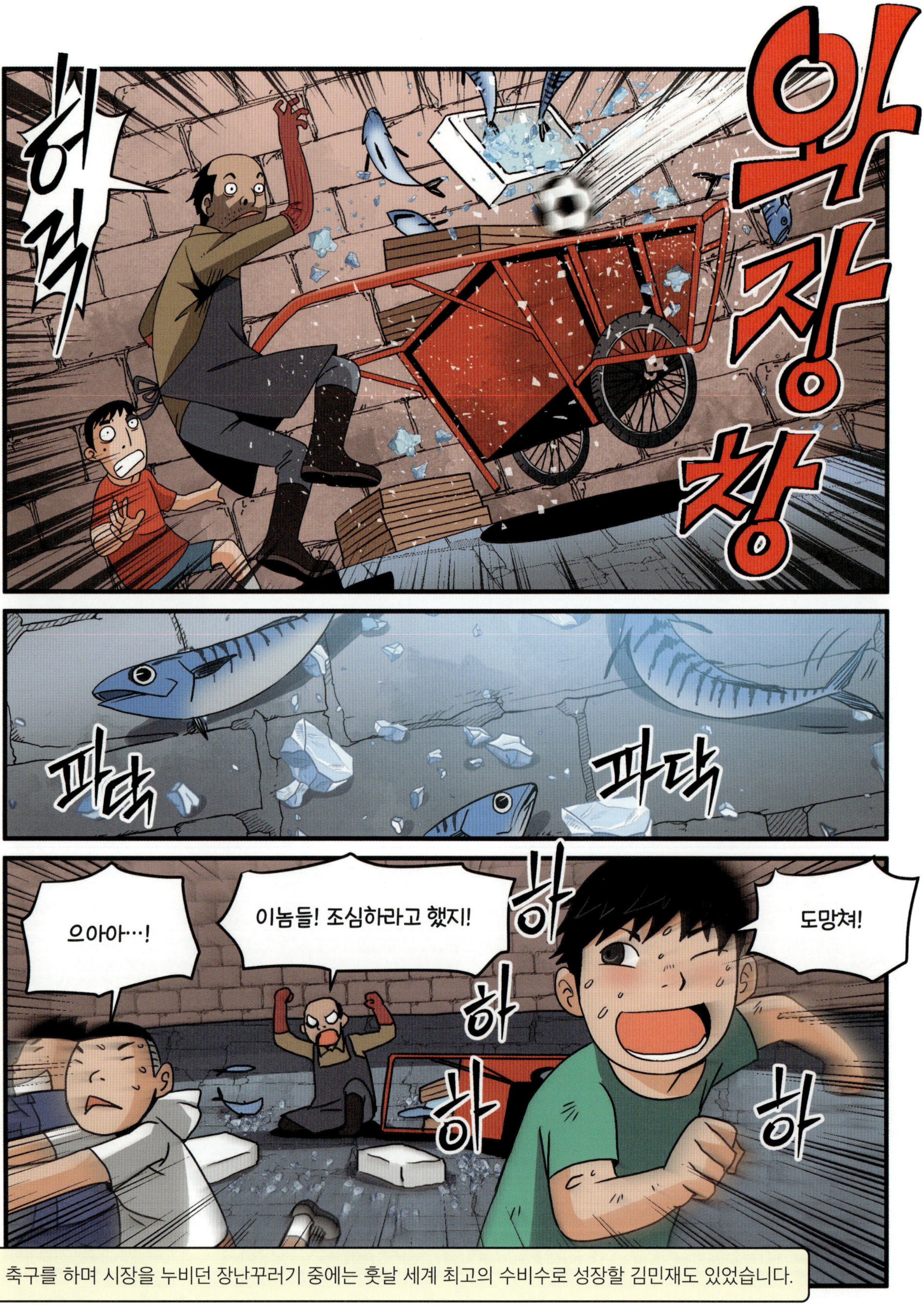

축구를 하며 시장을 누비던 장난꾸러기 중에는 훗날 세계 최고의 수비수로 성장할 김민재도 있었습니다.

이제 막 축구를 시작한 여덟 살배기가 중학생 선수들과 어울려 경기에 참여하는 것은 당연히 어려웠습니다. 하지만…

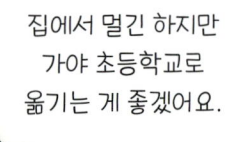

통합지식 플러스❶ ▼

우리나라 축구의 시작

100여 년의 시간 동안
우리나라 사람들에게 눈물과 땀,
환희와 희망을 안겨 준 스포츠, 축구!
한국에서 축구는 언제부터 시작되었을까요?

하나 최초의 축구공

우리나라 사람들은 옛날부터 공차기를 즐겼던 것으로 보입니다. 삼국 시대에는 '축국'이라는 놀이가 있었고, 신라의 법흥왕이 축국을 즐겼다는 기록이 남아 있지요. 김유신과 함께 축국을 하다 그의 동생과 결혼하게 된 김춘추의 이야기도 유명합니다. 하지만 이때의 축구는 지금과는 다른 모습이었습니다.

우리에게 익숙한 모습의 축구가 처음 소개된 것은 1882년입니다. 인천에서 배를 기다리던 영국 군함 플라잉 피시호의 선원들이 부두에서 축구 시합을 벌였습니다. 선원들은 구경하던 어린이 중 하나에게 축구공을 건네고 떠났습니다. 어린이들은 선원들의 흉내를 내며 공놀이를 이어 갔어요.

1894년에 설립된 관립 영어 학교에서는 영국의 스포츠 종목을 가르쳤습니다. 그중에는 축구가 포함되어 있었지요. 축구가 정식 교육 과정에 도입된 것입니다. 이후 축구는 한반도에 널리 퍼졌습니다.

이후 일제 강점기인 1920년대에는 국제적인 축구 경기 규칙이 도입되었고, 축구에 적합한 장비들을 갖추기 시작했습니다.

전 조선 축구 대회가 열렸던 경성 운동장 축구장의 모습
ⓒ 서울역사아카이브

1921년에는 '전 조선 축구 대회'가 열려 축구를 사랑하는 우리 민족의 마음을 뒤흔들었어요. 이 대회는 1940년까지 역사를 이어 나가다가 일본의 강압으로 인해 폐지되고 말았습니다. 당시 축구는 식민 통치를 받으며 억눌려 있던 우리나라 사람들의 울분을 풀어 주고, 같은 민족으로서 결속력을 다지게 하는 중요한 수단이었습니다.

축구 대회뿐 아니라, 1933년에는 조선 축구 협회가 설립되어 축구의 보급과 규칙 제정에 힘썼습니다. 해방 이후 조선 축구 협회는 '대한 축구 협회'라는 새로운 이름을 얻게 되었습니다.

2002년 월드컵 4강 진출 당시 서울 광장에 모인 시민들

1980년대 프로 축구 리그가 출범하면서 한국 축구는 지속적인 성장을 이루었습니다. 특히 2002년에는 일본과 공동으로 월드컵을 개최했고, 대한민국 국가대표 팀은 이 대회에서 4강 진출이라는 놀라운 성과를 달성하며 국민들의 가슴을 뜨겁게 만들었습니다. 이후 대한민국 축구는 손흥민, 김민재와 같은 세계적인 선수들을 배출하며 꾸준히 발전을 거듭하고 있습니다.

둘 간도 지역 한인들의 축구

간도는 두만강 북쪽 지역으로, 현재 중국의 '연변 조선족 자치주'를 포함하는 넓은 지역입니다. 일제 강점기에 간도는 일본의 식민 지배를 피해 이주한 사람들로 북적였습니다. 일본 경찰의 눈을 피하려는 독립운동가, 먹고살 길을 찾기 위해 새로운 땅을 찾아온 농민들이 간도에 모였습니다.

연변 조선족 자치주의 중심 도시인 옌지시 전경 ⓒ EditQ

당시 간도에서는 한인 학교 설립과 함께 축구가 도입되었습니다. 명동 학교에서는 조선에서 온 선생님들이, 창동 학교에서는 블라디보스토크에서 온 선생님들이 학생들에게 축구를 가르쳤습니다. 이 학교들은 체육 대회를 열고 축구 대항전을 벌이기도 했지요. 당시 체육 대회는 마을 사람들이 모두 참석하는 큰 행사였기 때문에 축구 경기가 벌어지는 날이면 온 마을이 들썩였습니다.

학교에서 시작된 축구는 간도 지역 전체로 퍼져 나갔습니다. 축구를 하던 학생들이 성장하여 중학부, 청년부 축구 조직을 만들었기 때문입니다. 그중에는 '축구 청년회'도 있었습니다. 축구 청년회가 개최한 축구 대회에서는 반일 성격을 띤 응원가를 부르는 등 우회적으로 반일 선전 활동을 전개했습니다. 축구가 정치적인 메시지를 담는 수단이 되기도 했던 것이지요.

당시 간도에서 열리는 한인 체육 대회는 중국 정부와 간도 일본 영사관의 허락을 받아야 했습니다. 한인들은 중국과 일본 사이에서 끊임없이 눈치를 봐야 했죠. 때로는 중국이, 때로는 일본이 체육 대회를 금지했습니다. 그 결과 학교들이 문을 닫고 축구 시합도 중단되어야 했어요.

이러한 어려움에도 불구하고 1925년 간도 체육회가 설립되어 제1회 간도 축구 대회를 개최했습니다. 청년조, 소년조가 나누어 진행한 이 대회에서 국자가 간민 학생 친목회 팀과 영신 소학교 팀이 각각 우승을 차지했어요. 이후 용정 청년 연맹, 연길 체육회 등 다양한 조직이 축구 대회를 주최하며 간도 지역의 축구 열기를 더했습니다.

1930년대에는 일본이 중국을 침략하여 만주에 만주국을 세웠습니다. 일본은 비난을 피하고 사람들의 눈길을 다른 곳으로 돌리기 위해 스포츠를 이용했습니다. 특히 축구를 만주국의 국민 종목으로 지정하고 유능한 선수들을 모집했지요.

이렇게 모인 간도 팀 선수들은 대부분 한인이었습니다. 간도 한인 팀은 만주국이 개최한 대회에서 무려 6차례 우승을 차지하여 한인들의 뛰어난 체육 능력을 보여 주었습니다.

민족 정체성을 되새기게 해 준 축구

월드컵 시즌이 되면 모두가 한마음 한뜻으로 우리나라를 응원합니다. 이처럼 축구는 경기에 참여하는 선수뿐 아니라 응원하는 이들 모두를 하나로 묶는 힘을 가지고 있지요.

간도에서의 한인 축구도 마찬가지였습니다. 처음에는 학교나 마을 단위로 열리던 축구 대회는 점차 민족 행사로 발전하며 한인들의 마음을 하나로 모았습니다.

특히 간도에서 활약하던 한인 축구 선수들, 한인 팀의 이야기는 한반도로 전해져 우리나라 사람들의 자긍심을 드높였습니다. 축구가 단순한 스포츠를 넘어 한 민족임을 확인하고 민족 정체성을 강화하는 수단이 되었던 것이지요.

한인 팀이 일본이 개최한 축구 대회에서 우승을 차지하는 일도 있었습니다. 일제 강점기 일본의 가장 권위 있는 축구 대회는 전 일본 축구 선수권 대회였습니다. 6개의 팀이 경합을 벌이는 이 경기에서 한인 팀은 '경성 축구단'이라는 이름을 달고 참가했습니다.

일본에 의해 만주국의 꼭두각시 황제로 세워진 푸이

1935년 6월 2일에 열린 결승전 경기에서 경성 축구단은 압도적인 실력 차를 선보이며 우승을 거머쥐었습니다. 이 승리는 단순히 스포츠 경기의 승리가 아니었습니다. 일본에 저항하는 우리 민족의 강인한 정신력을 보여 준 사건이었어요.

당시 일본은 또다시 3·1 운동과 같은 대규모 독립운동이 일어날 것을 염려하여 사람들이 모이는 것을 금지했습니다. 하지만 축구 경기가 열리는 날은 달랐습니다.

당시 간도에는 수많은 독립군이 활동하고 있었는데, 경기가 있는 날이면 독립군들이 경기장에 모여 정보를 주고받기도 했습니다. 기록에 따르면 체육대회나 경기가 열리는 날 선수들은 정강이 보호대에 쪽지를 감추어 두었다가 전달하는 소식통 역할을 했다고도 합니다.

경기 중에는 '광복가'나 '한산가'와 같은 항일 응원가를 불렀습니다. 다른 곳에서는 부를 수 없는 이 노래를 경기장 안에서는 마음껏 부를 수 있었지요. 이처럼 축구는 일제 강점기 우리 민족을 하나로 모으는 중요한 역할을 했습니다.

1923년 제4회 전 조선 축구 대회에서 우승한 광성 공립 보통학교 선수단의 모습

대한민국 최초의 월드컵 출전

1954년 6월, 대한민국 축구 국가대표 팀은 스위스에서 열린 제5회 월드컵에 최초로 출전했습니다. 이는 아시아 국가들이 처음으로 월드컵 참가 기회를 얻은 때로, 한국과 일본 두 나라가 본선 진출 티켓을 두고 겨뤘습니다. 한국은 예선 경기에서 1승 1무의 성적을 거두며 일본을 꺾고 월드컵 본선에 진출했지요.

7일 만에 취리히에 도착한 대한민국 국가대표 팀을 기다리고 있던 것은 '마법사'처럼 대단한 실력을 선보이던 헝가리 국가대표 팀이었습니다. 당시 헝가리는 국제 경기에서 32전 무패를 기록한 전설적인 팀이었지요. 이 경기의 결과는 9대 0. 한국의 대패였습니다.

한국 팀은 5일 뒤 터키 팀과 승부를 겨루었으나 7대 0으로 패배하고 말았습니다. 이처럼 한국 팀의 첫 월드컵 무대는 어려움의 연속이었습니다. 하지만 이러한 어려움은 이후 한국 축구가 발전하는 큰 전환점을 마련해 주기도 했답니다.

1954년 태극 마크를 달고 월드컵에 출전한 함흥철 선수

2장
꿈을 찾아가는 길

> "민재가 축구 하는 걸 보니
> 저도 하고 싶어졌어요.
> 운동장에서 민재가 공을 쫓아
> 달리는 모습이
> 정말 즐겁고 행복해 보이거든요!"

김민재는 누군가 지켜보거나 강제로 시키지 않아도 목표를 달성하려고 애썼습니다.

어느 날

통합지식 플러스 ❷

아시아의 축구 리그

K리그부터 AFC 챔피언스 리그까지, 아시아 축구 역사에 빠져서는 안 되는 중요한 리그들을 살펴봅시다.

하나 K리그

1983년 창설된 K리그는 한국 프로 축구의 뿌리입니다. 처음에는 5개 팀만이 참여하는 작은 리그였지만, 발전을 거듭하면서 2013년에는 K리그 1부와 2부 리그로 나뉘었지요.

현재 1부 리그에서는 12개 구단이, 2부 리그에서는 13개 구단이 각자의 기량을 뽐내며 치열한 경쟁을 펼치고 있어요. K리그는 AFC 챔피언스 리그에서 가장 많은 우승을 차지한 리그로, 국제 무대에서 대한민국 축구의 위상을 드높이고 있습니다.

뜨거운 응원이 펼쳐지는 K리그 경기 ⓒ 서울월드컵경기장

K리그의 발전은 대한민국 축구 전반에 큰 영향을 미쳤습니다. 리그 창설 3년 후부터 지금까지, 대한민국 축구 국가대표 팀은 월드컵 본선에 10회 연속 진출하는 엄청난 업적을 이루었어요.

K리그는 다수의 뛰어난 선수들을 배출하기도 했습니다. 이동국 선수는 최다 MVP 기록을 지닌 K리그 대표 선수입니다. 214골이라는 어마어마한 득점 기록을 보

유하고 있어요.

또 이운재 선수는 골키퍼 중 유일하게 리그 MVP를 수상한 선수로, 공이 날아오는 족족 잡아채 '거미손'이라는 별명이 붙었어요. 최다 도움왕 타이틀을 지닌 미드필더 염기훈 선수, 45세의 나이에 경기에 출전하여 최고령 출전 기록을 새로 쓴 김병지 선수도 K리그의 간판 선수입니다.

K리그의 대표적인 팀으로는 전북 현대 모터스, 성남 FC, FC 서울, 포항 스틸러스, 울산 현대 등이 있습니다. 그중 전북 현대 모터스는 K리그에서 9회 우승을 차지한 최다 우승 팀으로, AFC 챔피언스 리그에서도 뛰어난 성적을 보였어요.

K리그는 대한민국 축구 선수들이 유럽 무대로 진출하는 발판이 되어 주기도 했습니다. 기성용 선수는 K리그에서 보여 준 뛰어난 활약을 바탕으로 유럽 무대에 진출해 세계적인 선수로 성장했어요. 이외에도 수많은 젊은 선수들이 K리그에서 자신의 기량을 뽐내며 국가대표로 선발되었습니다.

둘 J리그(일본 프로 축구 리그)

1993년 설립된 J리그는 일본 축구를 이끄는 프로 리그입니다. 과거 일본에서 축구는 아주 인기 있는 스포츠가 아니었습니다. 야구나 스모의 인기가 워낙 압도적이었기 때문이지요.

그러던 중, 국제 축구 연맹이 일본에 아시아 최초의 월드컵 개최를 제안했어요. 그러자 일본 축구 협회는 어떻게 하면 축구가 인기를 끌 수 있을지 고민하게 되었고, 그 결과 J리그가 탄생했지요. 이후 축구는 연간 약 900만 명이 관람하는 인기 있는 스포츠로 성장했습니다.

J리그는 1부, 2부, 3부로 구성되어 있습니다. 각 리그는 승격과 강등 제도로 운영되어요. 현재는 총 60개의 팀이 각 리그에서 치열한 경쟁을 펼치고 있습니다.

J리그는 아시아에서 상당한 자금을 보유한 리그로도 유명합니다. 아낌없이 투자하여 우수한 선수들을 데리고 오기 때문에 유럽의 여러 축구 클럽이 주목하는 리그이기도 해요.

J리그 우라와 레드 다이아몬즈 팀의 열성적인 응원
ⓒ Tomofumi Kitano

대표적인 팀으로는 우라와 레드 다이아몬즈, 감바 오사카, 요코하마 F. 마리노스 등이 있습니다. 우라와 레드 다이아몬즈는 엄청난 팬층을 보유한 팀으로, 열성적이고 과격한 응원을 보여 주기도 합니다. 오노 신지, 하세베 마코토 같은 선수들이 이 팀에서 활약했습니다.

황선홍, 홍명보, 유상철, 박지성 등 많은 한국 선수들 역시 J리그에 진출했습니다. 이들은 훌륭한 경기력과 뛰어난 적응력을 바탕으로 큰 성과를 거두었습니다. 특히 황선홍은 1999년 시즌 J리그 득점왕에 오르기도 했어요.

셋 중국 슈퍼 리그

중국 슈퍼 리그는 중국 최고의 축구 리그로, 2004년에 창설되었습니다. 이 리그에 소속된 팀들은 막대한 자금력을 바탕으로 유명한 외국인 선수와 코치진을 영입합니다. 2020년까지 마르첼로 리피, 파비오 카펠로, 파울루 벤투 등 유명한 감독들이 이 리그를 거쳐 갔어요.

대표적인 팀으로는 산둥 타이산, 상하이 하이강 등이 있습니다. 지금은 해체되었지만 한때 최강의 팀으로 이름을 날렸던 다롄 스더도 중국 슈퍼 리그에 소속되어 있던 팀입니다.

안정환, 김영권, 황일수 등 많은 한국 선수들이 중국 슈퍼 리그에서 활약했어요. 이 중 안정환은 다롄 스더에서 3년간 활동하며 뛰어난 기량을 선보였습니다.

최은택, 차범근 등 한국 감독들도 이 리그에서 지휘봉을 잡았습니다. 그중 이장수 감독은 약소 팀이었던 충칭 룽신을 컵 대회 우승으로 이끌어 '충칭의 별'이라는 칭호를 얻기까지 했어요.

중국 슈퍼 리그는 성장 가능성이 높다고 평가됩니다. 관중이 많고 자금력도 상당하기 때문이지요. 안타깝게도 코로나 이후 많은 팀이 자금 조달에 어려움을 겪고 있어서, 중국 슈퍼 리그가 이 어려움을 어떻게 극복하고 다시 일어설지 앞으로의 행보가 주목됩니다.

넷 사우디 프로페셔널 리그

사우디 프로페셔널 리그는 1976년에 만들어진 사우디아라비아의 프로 축구 리그입니다. 고액의 이적료와 높은 연봉으로 전 세계 유명 선수들을 끌어들이고 있지요.

사우디 리그는 자국 선수들의 실력을 끌어올리기 위해서도 노력하고 있습니다. 자국 선수들이 외국 리그에 나가는 것을 적극적으로 지지하지요. 이렇게 노력한 결과 2022 카타르 월드컵에서 아르헨티나를 상대로 2:1 승리를 거두기도 했어요.

최근에는 크리스티아누 호날두, 카림 벤제마 같은 노련한 선수들은 물론 마르첼로 브로조비치나 후벵 네베스, 사디오 마네와 같은 상대적으로 젊고 유명한 선수들도 사우디 프로페셔널 리그로 이적하고 있습니다.

김영권 선수가 뛰었던 광저우 에버그란데 팀 ⓒ Alexchen4836

2024년 현재 알 힐랄 FC에서 뛰고 있는 후벵 네베스 선수

리그의 주요 팀으로는 알 나스르 FC, 알 이티하드 FC, 알 아흘리 SFC 등이 있습니다. 모두 국가가 운영하는 팀으로, 선수들에게 압도적인 연봉을 제시하지요.

특히 알 힐랄 SFC는 리그에서 가장 강력한 팀으로, 18회의 우승과 15회의 준우승 기록을 보유하고 있습니다. '아시아의 레알 마드리드'라고도 불리는 알 힐랄 SFC는 AFC 챔피언스 리그 우승을 네 번이나 차지하기도 했어요. 과거 설기현과 이영표 선수가 이 팀에서 활약했습니다.

다섯 AFC 챔피언스 리그

유럽에 UEFA 챔피언스 리그가 있다면, 아시아에는 AFC 챔피언스 리그가 있습니다. 이 대회는 아시아 축구 연맹(AFC)이 주관하는 축구 대회로, 아시아 최고의 축구 클럽을 가리는 클럽 대항전입니다. 1967년 '아시아 챔피언 클럽 토너먼트'라는 이름으로 시작되어, 2002년 현재의 이름과 형식을 갖추게 되었지요. 우승 팀에게는 약 5000억 원에 달하는 엄청난 액수의 상금이 주어집니다.

AFC 챔피언스 리그에서 가장 많이 우승을 차지한 클럽은 사우디아라비아의 알 힐랄 SFC입니다. 총 4회 우승을 달성했어요. 일본 J리그의 우라와 레드 다이아몬즈도 3회 우승이라는 좋은 성적을 거뒀습니다.

우승컵을 가장 많이 가져간 리그는 K리그로, 총 12회 우승을 자랑합니다. 특히 포항 스틸러스는 3회 우승을 기록하며 대한민국 축구의 강함을 세계에 알렸어요. 가장 최근에 우승한 우리나라 팀은 울산 현대로, 2020년에 우승을 차지했습니다. 윤빛가람 선수가 대회 MVP를 수상했어요. 이동국 선수는 2024년 현재까지 AFC 챔피언스 리그 최다 득점 2위를 기록하고 있는 선수입니다. 총 37골을 넣으며 대회의 상징적 인물로 남게 되었어요.

AFC 챔피언스 리그는 아시아 축구 선수들에게 실력을 선보일 무대를 제공하여 아시아 축구 성장의 중요한 발판이 되어 주고 있습니다.

최근 AFC 챔피언스 리그는 아시아 축구의 새로운 도약을 위해 변화하고 있습니다. 아시아 축구 연맹은 2024-25 시즌부터 AFC 챔피언스 리그를 세 단계로 나누어 진행할 예정입니다. 장기적으로는 축구 선진국인 유럽과 비슷한 형태의 리그를 만들겠다는 목표를 가지고 있지요.

AFC 챔피언스 리그 우승 트로피 ⓒ Mehdi Bolourian

3장

프로의 세계로!

> "전 아무리 생각해도 남들과 똑같은 길을 가야 하는 이유를 모르겠어요. 저는 제 꿈을 최대한 빨리 실현할 수 있는 길을 선택하고 싶을 뿐이라고요."

2015년, 연세 대학교로 진학한 김민재는 입학과 동시에 연세 대학교 축구팀의 주전 수비수 자리를 차지했습니다.

이제 성인 팀이구나.

와!

2015년 제 51회 춘계 대학축구 연맹전

와!

!!!

타앗!

절치부심한 김민재는 제52회 춘계 대학 축구 연맹전에서 뛰어난 활약을 펼치며 팀을 우승으로 이끌었습니다.

나아가 대회 최고 수비수로 선정되는 영광까지 누렸습니다.

강한 의지와 피나는 노력으로 끝내 우승을 얻어 낸 김민재의 마음속에는 이제 새로운 열망이 타오르기 시작했습니다.

2017 시즌이 시작되고, 김민재는 프로 선수로서 본격적으로 경기에 나서기 시작했습니다.

이번 시즌에는 유독 눈에 띄는 신인들이 많죠?

네, 맞습니다. 전북 현대의 김민재 선수가 대표적이죠. 신인다운 활발한 움직임을 보여 주고 있습니다.

경기 종료됩니다. 전북 현대가 강원 FC를 4대 1로 대파했습니다!

2017년 6월 25일, 전북 현대 모터스와 대구 FC의 경기

코너킥! 공이 날카롭게 떠올랐습니다!

며칠 뒤 열린 대구 FC와의 경기에서 김민재는 프로 데뷔 골을 넣었습니다.

흐르는 볼!

내 쪽이다!

통합지식 플러스 ③
세리에 A

김민재가 활약했던 이탈리아의 축구 리그, 세리에 A는 어떤 리그일까요? 세리에 A에서 일어난 사건들을 읽고 축구를 더욱 재미있게 즐겨 봅시다.

하나 1990년대 유럽을 지배한 세리에 A

세리에 A는 전설적인 선수를 수없이 배출해 온 이탈리아의 프로 축구 리그입니다. 특히 1990년대는 세리에 A가 유럽 축구를 지배했던 황금기였지요. 파올로 말디니, 지네딘 지단, 필리포 인자기 등 세계적인 슈퍼스타들이 활약했습니다.

사실 1982년까지만 해도 세리에 A는 유럽 리그 랭킹 12위에 불과했습니다. 하지만 80년대 후반부터 전성기를 맞이했지요.

1989-90 시즌 이탈리아의 UC 삼프도리아는 벨기에의 가장 강력한 축구 클럽인 RSC 안더레흐트를 꺾고 UEFA 컵위너스컵(현재는 UEFA 유로파 리그로 통합됨)을 차지했습니다. 비슷한 시기 AC 밀란, FC 인테르나치오날레 밀라노(이하 인테르), SS 라치오 등 많은 이탈리아의 축구 클럽들이 큰 성공을 거두었습니다.

이러한 성공의 이유에는 여러 요인이 있었어요. 첫째로는 잉글랜드 클럽의 부재입니다. 1985년 헤이젤 참사(리버풀 FC와 유벤투스 FC 팬들 사이의 충돌로, 수백 명이 부상을 입고 사망자가 발생한 사건)로 인해 잉글랜드 클럽들은 유럽 대항전 출전이 금지되었습니다. 강력한 경쟁자가 사라진 이탈리아 클럽은 유럽 무대에서 더욱 활약할 수 있는 기회를 얻게 되었지요.

두 번째 요인은 경제 부흥입니다. 1990년 이탈리아 월드컵 유치와 경제 부흥 시기가 맞물리면서 이탈리아 클럽들은 세계적인 선수들을 영입할 수 있는 자본력을 갖추게 되었습니다. 유벤투스 FC의 미셸 플라티니 영입을 시작으로 SSC 나폴리에서는 마라도나를, 인테르는 마테우스를 영입하는 등 세계적인 선수들이 리그에 합류했어요. SS 라치오는 에르난 크레스포를 3,500만 유로를 지불하고 영입하여 당시 세계 최고 이적료 기

헤이젤 참사 20주년, '친구'를 뜻하는 이탈리아어 모자이크 응원을 만든 팬들 ⓒ Kjetil r/permission from Phillip Chambers

록을 경신했습니다.

세리에 A의 클럽들은 철저한 수비 전술로도 유명합니다. 세리에 A에서 발전한 '카테나초' 전술은 견고한 수비와 빠른 역습을 통해 상대를 제압하는 전략으로, 우리나라에서는 '빗장 수비'라고 불리기도 하지요.

이 전략을 잘 활용한 이가 AC 밀란의 아리고 사키 감독이었습니다. 그는 4-4-2 포메이션과 압박 전술을 발전시켜 축구계에 큰 반향을 일으켰습니다. 또한 파올로 말디니, 마르코 반 바스텐, 로베르토 바조 같은 선수들이 활약하면서 AC 밀란은 유럽 축구의 강자로 자리 잡았습니다.

이처럼 강력한 선수단, 훌륭한 코치진, 효과적인 전략을 갖춘 당시 세리에 A 팀들을 이기기는 무척 어려웠습니다. UEFA 챔피언스 리그보다 세리에 A에서 우승하는 것이 더 어렵다는 말이 나올 정도였지요. 전성기를 맞은 세리에 A는 1988-89 시즌부터 열한 시즌 동안 UEFA컵 우승을 8번 차지했으며, UEFA 챔피언스 리그에서는 열 시즌 동안 9번 결승에 진출해 4번의 우승을 달성하는 성과를 이루어 냈습니다.

데르비 델라 마돈니나

데르비 델라 마돈니나는 이탈리아 밀라노를 대표하는 두 축구 클럽, 인테르와 AC 밀란 사이에 펼쳐지는 치열한 대결을 말합니다. 영어로는 '밀란 더비'라고도 합니다. 이 대결은 1909년부터 시작되어 이탈리아는 물론 전 세계 축구 팬들의 커다란 관심을 받아 왔어요.

인테르는 1908년, AC 밀란에서 갈라져 나와 설립된 클럽입니다. 영국인들에 의해 설립된 AC 밀란은 처음에 영국과 이탈리아 국적 선수만을 받아들였습니다. 이에 반발한 사람들이 모든 국적의 선수들을 받아들이기 위해 설립한 구단이 인테르였어

나폴리 구시가지에 그려진 축구 영웅 마라도나를 기리는 벽화
ⓒ Céréales Killer

스타디오 주세페 메아차 경기장에서 펼쳐진 데르비 델라 마돈니나
 Unknown author

요. 따라서 탄생부터 AC 밀란을 견제하려는 의도를 가졌던 것이죠. 오늘날은 두 팀 모두 다양한 국적의 선수들이 활약하고 있습니다.

밀란 더비는 세계 3대 더비 중 하나로, 거친 경기로 유명합니다. 지금까지 수많은 선수들이 양 팀에서 활약했으며, 인테르의 상징인 하비에르 사네티와 AC 밀란의 상징인 파올로 말디니는 각 팀의 전설로 이름을 남겼습니다. 이 대결에서 가장 많은 골을 넣은 선수는 안드리 세브첸코로, 무려 14골을 기록했습니다.

1980년대 후반부터 2000년대 중반까지 세리에 A가 전성기를 누리는 동안 밀란 더비는 스페인 프리메라리가의 '엘 클라시코'에 버금가는 파급력을 선보였습니다. 이후 세리에 A가 주춤하면서 더비의 인기도 내리막길을 타는 듯했지요.

하지만 2019년, 양 팀이 로멜루 루카쿠와 즐라탄 이브라히모비치 같은 스타 플레이어들을 대거 영입하면서 밀란 더비는 다시 주목받기 시작했습니다. 특히 2019-20 시즌 인테르 홈구장에서 열린 경기에서는 짜릿한 대역전극이 펼쳐지며 축구 팬들을 열광시켰지요.

2022-23 시즌에서는 20년 만에 UEFA 챔피언스리그 4강에서 두 팀이 만나며 데르비 델라 마돈니나의 열기를 더했습니다.

셋 세리에 A를 뒤덮은 사건, 칼초폴리

칼초폴리는 세리에 A의 역사를 뒤흔든 사건으로, 2006년 이탈리아 축구 클럽 고위 관계자들의 경기 조작과 불법 베팅 사건을 말합니다.

이 사건은 전혀 예상치 못한 곳에서 드러났습니다. 유벤투스 FC의 금지 약물 사용을 조사하던 경찰은 전화 도청 과정에서 유벤투스 FC의 단장 루치아노 모지가 심판에 대해 이야기하는 것을 듣게 되었습니다. 이탈리아 축구 연맹 간부와의 통화에서 모지는 경기에 배정된 심판이 만족스럽지 못하다고 말했죠.

이후 조사가 진행되며 모지가 심판과 언론을 조작하여 특정 팀을 유리하게 만든 정황이 드러났어요. 그 외에도 세금 회피, 이적 시장 불법 개입 등 다양한 비리를 저지른 것으로 밝혀졌죠. LFA 레조칼라브리아, AC 밀란, ACF 피오렌티나, SS 라치오 등 여러 클럽의 고위 관계자들도 이 사건에 연루되었습니다. 결과적으로 유벤투스 FC는 세리에 B로 강

칼초폴리 사건으로 힘든 시간을 보낸 유벤투스 FC는 2017년 새로운 로고를 만들며 클럽을 정비했습니다.

등되었고, 다른 팀들도 승점 감점을 받는 등의 처벌을 받았습니다.

칼초폴리는 이탈리아 축구에 대한 신뢰도를 크게 떨어뜨렸습니다. 훌륭한 선수들을 다른 나라에 빼앗기는 계기가 되기도 했지요. 이후 이탈리아 축구는 긴 침체기를 겪어야 했습니다.

이 사건은 축구뿐 아니라 모든 스포츠 리그에 경종을 울렸습니다. 스포츠는 공정해야 하며, 그러기 위해서 끊임없이 노력해야 한다는 사실을 일깨워 주었지요. 이후 이탈리아 축구 연맹은 심판 선정 과정을 개선하고 처벌 규정을 강화하는 등 공정하고 깨끗한 경기를 만들기 위해 노력하고 있습니다.

하늘색이 상징인 SSC 나폴리의 유니폼
ⓒ Clément Bucco-Lechat

며 팀의 우승에 기여했습니다. 그는 한국 선수 최초로 세리에 A 우승을 달성했을 뿐만 아니라 시즌 내내 뛰어난 활약으로 최우수 수비수 상을 획득하는 영예를 누리게 되었습니다.

넷 33년 만의 스쿠데토, SSC 나폴리

2023년 SSC 나폴리는 33년 만에 이탈리아 세리에 A에서 우승을 차지했습니다. 이는 1987년과 1990년 축구의 전설 디에고 마라도나가 활약하던 시기 우승을 거머쥔 이후 처음이며, 이탈리아 남부를 대표하는 클럽인 SSC 나폴리의 저력을 확인시켜 주었습니다.

마라도나의 시대가 끝나고, SSC 나폴리는 어려운 시기를 지나야 했습니다. 성적 부진으로 세리에 C까지 강등당하는 수모를 겪었지요. 하지만 2007년 세리에 A에 복귀한 SSC 나폴리는 꾸준한 노력 끝에 강팀으로 거듭났습니다. 마침내 2023년, 33년 만에 세 번째 스쿠데토(세리에 A 우승 팀이 유니폼에 다는 방패 문양)를 획득하게 되었지요.

이번 우승은 김민재에게도 의미가 깊습니다. 김민재는 튀르키예의 페네르바흐체 SK에서 SSC 나폴리로 이적하자마자 주전 수비수로 맹활약을 펼치

who? 지식 사전

세리에 A와 대한민국 선수

세리에 A에서 활동하던 안정환 선수는 2002 한·일 월드컵에서 이탈리아를 상대로 골을 넣었습니다. 이로 인해 그는 당시 소속 팀인 AC 페루자 칼초에서 방출되는 불이익을 받았지요. 이 사건 이후 한동안 이탈리아 팀에서 활동하는 한국 선수는 없었습니다. 그러나 약 15년 후 이승우 선수가 엘라스 베로나 FC로 이적해 주목받기 시작했고, 이어서 김민재 선수가 2022년 SSC 나폴리에 합류하여 뛰어난 수비력과 경기 운영 능력으로 33년 만의 클럽 우승에 기여했습니다. 김민재의 성공은 다른 한국 선수들에게도 세리에 A를 비롯한 유럽 리그에서 활약할 수 있는 가능성을 열어 주었습니다.

4장

아시안 게임 우승의 주역

> "민재야, 경기 중에 실수하더라도
> 내 눈치 보지 말고 경기에만 집중해.
> 실수는 누구나 하는 거야.
> 이미 벌어진 일에 연연하면
> 앞으로 나아갈 수 없어."

민재야, 이야기 좀 할까?

… 네!

역시 뭐라고 하시려나 보다.

민재야, 경기 중에 실수하더라도 내 눈치 보지 말고 경기에만 집중해. 실수는 누구나 하는 거야.

이미 벌어진 일에 연연하면 앞으로 나아갈 수 없어.

2017년 8월 31일, 2018 러시아 월드컵 최종 예선 대한민국 대 이란

김민재는 국가대표 팀의 막내였지만 안정적인 경기력을 보여 주며 수비진의 중심으로 활약했습니다.

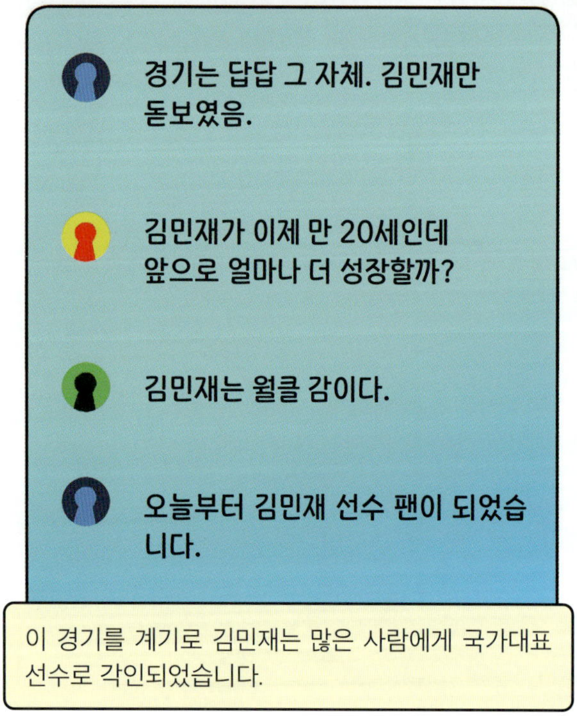

- 경기는 답답 그 자체. 김민재만 돋보였음.
- 김민재가 이제 만 20세인데 앞으로 얼마나 더 성장할까?
- 김민재는 월클 감이다.
- 오늘부터 김민재 선수 팬이 되었습니다.

이 경기를 계기로 김민재는 많은 사람에게 국가대표 선수로 각인되었습니다.

리그에서도 상승세를 이어 간 김민재는 2017년 K리그 영 플레이어 상을 수상했습니다.

감독님을 믿고 묵묵히, 열심히 하겠습니다.

결국 김민재는 2018년 월드컵 국가대표 팀에 합류하지 못했습니다.

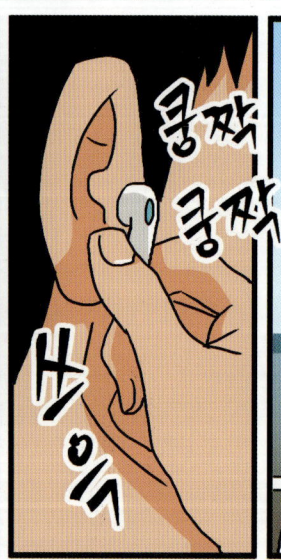

통합지식 플러스 ❹
전설로 남은 수비수들

경기 내내 철통같은 수비로
팀의 실점을 막아 내는 수비수!
역사에 남은 뛰어난 수비수는 누구이며,
어떤 특징을 가지고 있을까요?

하나 프란츠 베켄바워

1970년대를 빛낸 수비수, 프란츠 베켄바워(사진 중앙)
ⓒ Bert Verhoeff for Anefo

1945년 독일 뮌헨에서 태어난 프란츠 베켄바워는 1964년 FC 바이에른 뮌헨에서 프로 경력을 시작했습니다. 선수 생활 초기부터 베켄바워는 범상치 않은 실력을 보여 주었습니다. 뛰어난 수비 기술로 팀이 국내외 대회에서 우승을 휩쓰는 데 도움을 주었지요.

당시 베켄바워는 공격수 게르트 뮐러, 골키퍼 제프 마이어 등 뛰어난 선수들과 함께 최강의 팀워크를 보여 주었습니다. 1968년부터는 FC 바이에른 뮌헨의 주장으로서 팀을 이끌며 4번의 리그 우승, 3번의 유러피언 컵 우승을 달성했습니다.

베켄바워는 1966년 잉글랜드 월드컵에서 서독 국가대표 팀이 준우승을 차지하는 데도 크게 기여했습니다. 1970년 멕시코 월드컵에서는 준결승전에서 쇄골이 부러지는 부상을 입었음에도 불구하고 연장전까지 이어진 120분의 경기를 모두 소화해 팀이 3위에 오르는 데 힘을 실었죠.

1974년 서독 월드컵에서 베켄바워는 국가대표 팀의 주장으로서 팀을 우승으로 이끌면서 독일 축구의 영웅으로 떠올랐습니다.

선수 은퇴 후 베켄바워는 감독으로도 성공적인 경력을 쌓았습니다. 1990년 이탈리아 월드컵에서 베켄바워의 서독 팀이 우승을 차지했기 때문이에요. 이로써 베켄바워는 선수와 감독으로서 모두 월드컵 트로피를 들어 올린 전설이 되었습니다.

베켄바워는 가벼운 몸놀림, 압도적인 볼 컨트롤 능력, 폭발적인 스피드로 경기장을 지배하여 수비수가 보여 줄 수 있는 최고의 플레이를 구사한다는 평가를 받았습니다. 또한 훌륭한 리더십으로 팀 전체를 아우르며 좋은 성적을 거뒀습니다.

 ## 카를레스 푸욜

FC 바르셀로나의 상징 카를레스 푸욜 ⓒ Xavier Rondón Medina

카를레스 푸욜은 1995년 스페인 프리메라리가의 명문 클럽, FC 바르셀로나 유소년 팀에 입단하여 교육을 받았습니다. 그로부터 4년 뒤 FC 바르셀로나의 주전 선수로 데뷔했죠.

그는 수비진에서 눈부시게 활약하며 자신의 재능을 세계에 알리기 시작했습니다. 이후 팀이 전성기를 맞이하며 6번의 프리메라리가 우승과 3번의 UEFA 챔피언스 리그 우승을 차지할 때 중심 멤버로 활약했어요.

푸욜은 데뷔부터 은퇴까지 FC 바르셀로나에 머문 것으로도 유명합니다. 이는 팀에 대한 충성심과 빼어난 실력이 있어야만 일어날 수 있는 일이지요. 푸욜은 FC 바르셀로나에서 총 593경기를 소화하며 팀의 상징으로 자리 잡았습니다.

조국인 스페인 국가대표 팀에서도 푸욜은 뛰어난 활약을 펼쳤습니다. 특히 2010년 남아프리카 공화국 월드컵에서는 결승전에서 결정적인 헤딩 골을 기록하며 네덜란드를 꺾고 우승컵을 들었습니다. 역사상 첫 월드컵 우승을 차지한 스페인은 축제 분위기에 휩싸였지요. 이 월드컵에서 스페인은 본선 토너먼트에서 무실점을 기록하는 등 엄청난 수비력을 보여 주었습니다.

푸욜은 역습에 대응하는 민첩함과 몸을 아끼지 않는 적극적인 수비가 돋보이는 선수입니다. 이에 더해, 언제나 활기찬 모습으로 팀원들의 사기를 올려 주는 모습으로도 유명하지요. 훌륭한 인성까지 겸비한 푸욜은 FC 바르셀로나와 스페인 축구의 영웅으로 남아 있습니다.

셋 세르히오 라모스

세비야 FC 유소년 팀에 입단해 팀의 스타로 발돋움한 세르히오 라모스는 2005년, 유럽 최고의 클럽 중 하나인 레알 마드리드 CF로 이적했습니다. 당시 라모스의 이적료는 2700만 유로로, 약 400억에 달하는 큰 액수였습니다. 검증되지 않은 어린 선수에게 너무 많은 돈을 쓰는 것이 아니냐는 걱정의 목소리가 컸죠. 하지만 라모스는 이러한 걱정을 불식시키며 16년 동안 레알 마드리드 CF의 핵심 수비수로 활약했습니다.

라모스는 공격적인 수비를 선보이는 선수입니다. 레알 마드리드 CF는 라모스를 영입한 후 5번의 리그 우승과 4번의 UEFA 챔피언스 리그 우승을 달성했지요. 그는 수비수임에도 많은 골을 넣는 것으로도 유명한데, 레알 마드리드 CF에서만 무려 100골 이상을 기록했습니다.

2005년 라모스는 처음으로 스페인 국가대표 팀에 발탁되었습니다. 이후 2008년과 2012년 UEFA 유럽 축구 선수권 대회와 2010년 남아프리카 공화국 월드컵에서 카를레스 푸욜과 함께 스페인이 우승컵을 들어 올리는 데 이바지했어요.

현역 수비수 중 가장 많은 개인 상을 수상한 세르히오 라모스. 그는 파리 생제르맹 FC를 거쳐 2024년 자신의 고향 팀 세비야 FC로 복귀했습니다. 팬들은 라모스를 뜨거운 박수로 환영해 주었습니다.

넷 버질 반다이크

네덜란드 출신의 버질 반다이크는 현재 가장 뛰어난 중앙 수비수 중 한 명입니다. 195cm, 92kg의 거대한 체구임에도 최고 속도 34.5km/h에 이를 정도로 빠르지요. 따라서 반다이크와 공을 놓고 다툼을 벌이는 선수는 번번이 공을 빼앗기고 맙니다. 2010년 FC 흐로닝언에서 데뷔한 반다이크는 스코틀랜드의 명문 구단인 셀틱 FC를 거치며 수비수로서의 능력을 발전시켰습니다. 셀틱 FC에서 시즌 베스트 11에 연속으로 선정된 반다이크는 2015년 프리미어 리그의 사우스햄튼 FC로 이적했어요.

2018년 반다이크는 리버풀 FC로 또 한 번 자리를 옮깁니다. 당시 이적료는 7,500만 파운드로, 한화 1,300억 원에 이르는 금액이었습니다. 그는 리버

레알 마드리드 CF의 전설 세르히오 라모스 ⓒ Real Madrid

철벽 수비수 버질 반다이크 선수 ⓒ Mehdi Bolourian

풀 FC에 입단하자마자 엄청난 수비 능력을 뽐내며 팀에 UEFA 챔피언스 리그 우승컵을 안겨 주었습니다. 이때 결승전에서 토트넘 홋스퍼 FC를 상대로 뛰어난 수비를 펼쳤고, 결승전 최우수 선수로 선정되었어요.

2019년 반다이크는 UEFA 올해의 선수상을 수상했습니다. 발롱도르 투표에서는 리오넬 메시에 이어 2위를 차지했지요. 비교적 눈에 띄기 힘든 포지션인 수비수가 이 정도로 높은 평가를 받은 것은 엄청난 성과입니다. 또한 반다이크는 리버풀 FC가 30년 만에 프리미어 리그 우승을 차지하는 데 핵심적인 역할을 수행했습니다.

볼을 수상하고 FIFA 올해의 선수 17위에 선정되기도 했습니다. 2002년에는 대한민국이 사상 처음으로 4강에 오르는 데 결정적인 역할을 했습니다. 또한 홍명보는 J리그의 벨마레 히라츠카, 가시와 레이솔, K리그의 포항 스틸러스 등에서 활약했습니다. 2000년에는 가시와 레이솔에서 외국인 선수임에도 불구하고 팀의 주장을 맡아 리그 3위라는 좋은 성적을 거뒀습니다.

홍명보는 양발을 자유자재로 사용하는 능력을 가진 선수로, 정교한 태클과 날카로운 패스로 상황을 전환하는 능력이 탁월합니다. 그는 한국 축구 역사상 다시 나오기 어려운 수비수로 평가받습니다.

 홍명보

홍명보는 1994년 미국 월드컵부터 2002년 한일 월드컵에 이르기까지 세 차례의 월드컵에서 한국 축구 국가대표 팀의 든든한 수비수였습니다. 그는 국가대표에서 은퇴할 때까지 총 137경기를 출전했고, 수비수임에도 훌륭한 득점력을 보여 주었습니다. 그 결과 아시아 선수 중 유일한 월드컵 브론즈

who? 지식 사전

수비수의 역할을 하는 골키퍼, 스위퍼 키퍼

전통적인 골키퍼는 골대로 날아오는 공을 막는 역할을 수행합니다. 스위퍼 키퍼는 이보다 훨씬 더 넓은 범위에서 뛰며 골대 주변의 뒷공간 전체를 책임집니다. 팀의 마지막 수비수 역할을 하는 셈이지요. 스위퍼 키퍼는 긴 패스를 통해 팀의 공격 작업에 참여하고, 상대 팀의 공격을 골대 근처에 도달하기 전에 미리 차단하기도 합니다. 스위퍼 키퍼의 대표적인 예는 독일의 마누엘 노이어로, 독일 국가대표 팀과 FC 바이에른 뮌헨에서 최고의 스위퍼 키퍼가 무엇인지 보여 주었습니다. 현대 축구에서 스위퍼 키퍼는 중요한 전략으로 자리 잡고 있습니다.

우리나라의 자랑스러운 수비수, 홍명보 선수 ⓒ Greatness21

5장

험난한 해외 진출

> "제가 미처 생각하지 못했던 건,
> 저를 지켜보는 사람들이었어요.
> 이렇게 많은 사람이 나에게
> 관심이 있으리라 생각하지 못했거든요."

그래도 어딘가 좀 이상하단 말이야….

현재 왓포드 FC는 김민재처럼 뛰어난 수비수가 필요한 상황이긴 하지.

당시 외국인 선수가 프리미어 리그 소속 팀으로 이적하기 위해서는 반드시 갖춰야 할 조건이 있었습니다.

1. 선수가 소속된 국가의 FIFA 순위가 50위 이내에 들 것
2. FIFA 순위에 따라 지난 2년간 A매치를 일정 비율 이상 출전할 것

두 조건을 충족하지 못할 때는 영입하려는 팀에서 일정 금액 이상의 이적료를 낸다면 가능!

만약에 50위 안에 들어도, 김민재 선수의 A매치 출전이 18회가 전부니까 탈락. 남은 건 예외 조항뿐인데….

그런데 우리나라의 피파 랭킹은 53위니까, 1번부터 탈락이군.

아시안 게임 이후 김민재를 향한 팬들의 관심과 기대는 그 어느 때보다 커져 있었고, 이적설에도 이목이 쏠린 상태였습니다.

- 또 한 명의 프리미어 리거가 탄생하겠군요. 미리 축하합니다!
- 난 이거 루머라고 봄. 조건이 안 맞아, 조건이~
- 데려가고 싶다고 데려갈 수 있는 게 아니란다, 얘들아.
  └ 김민재 정도면 데려갈 만하다고 생각합니다.
- 아시안 게임으로 병역 문제가 해결되니까 좋은 일이 따르는군요!

일부 언론이 확인되지도 않은 내용을 마치 사실인 것처럼 발표해 버리는 일이 벌어졌습니다.

얼마 후

2019년 1월, 김민재는 소속 팀을 통해 공식적으로 이적 소식을 발표했습니다. 누구도 예상하지 못한 깜짝 발표였습니다.

속보 "김민재, 중국 슈퍼리그(CSL)의 베이징 궈안으로 이적", "전북팬 성원, 잊지 않겠다"

기사입력 2019.01

고심 끝에 결정한 중국행이었지만 많은 팬이 김민재에게 실망을 표시했습니다.

유럽 리그는 물론 한국, 일본 리그보다도 실력이 뒤처지는 곳에 왜 간다는 건지 모르겠어요.

김민재 말이야… 중국 리그를 갈 바에 국내에 남아 있는 게 낫지 않아?

그러니까 말이야. 차라리 일본이라면 모를까.

김민재는 베이징 궈안의 수비수로 2021년까지 활약했습니다. 당시 중국 슈퍼 리그는 경기당 외국인 선수의 출전 인원 제한이 있었지만, 김민재는 대부분의 경기에 선발 출전하며 팀의 굳건한 주전 선수로 자리매김했습니다.

2021년

또 시작이군. 김민재 말이야.

그러고 보니 올해 베이징과의 계약이 만료되죠?

맞아.

이번에 거론되는 팀들은 예전과 차원이 달라. 포르투, 토트넘, 아스날….

오! 하나같이 명문 구단이군요?

얼마 뒤

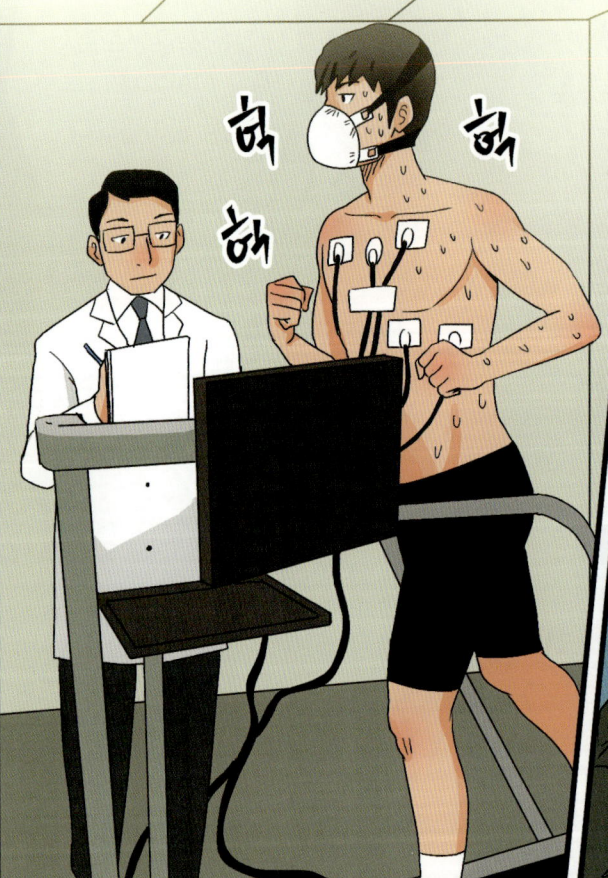

통합지식 플러스 ⑤

축구 리그의 명문 팀

전 세계 축구 팬들에게
인정받는 명문 클럽은 어디일까요?
스포츠 역사에 커다란 발자취를 남긴
최고의 클럽에 대해 알아봅시다.

하나 레알 마드리드 CF

레알 마드리드 CF는 스페인을 대표하는 전설적인 축구 클럽으로, 세계 축구에서 상징적인 위치를 차지하고 있습니다.

클럽의 홈구장인 '에스타디오 산티아고 베르나베우'는 레알 마드리드 CF의 전설적인 인물인 산티아고 베르나베우의 이름을 따서 지었습니다. 베르나베우는 69년 동안 클럽에서 일했으며 그중 35년 동안 회장직을 맡아 레알 마드리드 CF를 세계적인 축구 클럽으로 만들었어요.

회장 취임 후, 베르나베우는 뛰어난 선수들을 영입하기 시작했습니다. 덕분에 레알 마드리드 CF는 스페인

과거 레알 마드리드 CF와 바르셀로나 FC를 대표했던 선수, 크리스티아누 호날두와 리오넬 메시 ⓒ Goatling, L.F.Salas

프리메라리가에서 16회 우승을 차지했으며, 지금은 UEFA 챔피언스 리그로 명칭이 바뀐 유러피언 컵에서는 6회나 우승하는 업적을 달성했습니다. 특히 홈구장에서는 121경기 연속 무패 신화를 기록하며 축구의 역사를 새로 썼지요.

레알 마드리드 CF에서 뛰었던 대표 선수로는 크리스티아누 호날두, 세르히오 라모스, 카림 벤제마 같은 선수들이 있습니다. 호날두는 발롱도르와 FIFA 올해의 선수를 5회나 수상한 선수로 엄청난 득점력을 발휘해 팀에 우승을 안겨 주었습니다. 라모스는 뛰어난 리더십으로 수비진을 이끌었고, 벤제마는 공격의 선두에서 뛰어난 활약을 보여 주었지요. 최근에는 주드 벨링엄, 비니시우스 주니오르 등 젊은 선수들을 영입하며 2023-24 시즌 UEFA 챔피언스 리그 우승을 차지했습니다.

레알 마드리드 CF와 FC 바르셀로나의 대결인 엘 클라시코는 가장 인기 있고 치열한 축구 더비 중 하나입니다. 과거 스타 선수인 크리스티아누 호날두와 리오넬 메시가 양 팀에 소속되어 있었기 때문에 엘 클라시코의 열기도 더욱 뜨거웠지요. 이 경기는 두 팀의 자존심이 걸린 대결이기도 했지만, 스페인 축구가 얼마나 대단한지 널리 알리는 계기가 되기도 했어요.

이처럼 수많은 업적을 이루어 낸 명문 클럽이지만 레알 마드리드 CF는 아직까지 트레블을 달성한 적이 없습니다. 트레블은 한 시즌에 메이저 축구 대회 3개를 동시에 우승하는 것을 말하는데, 레알 마드리드 CF의 경우 프리메라리가, 코파 델 레이, UEFA 챔피언스 리그를 모두 우승해야 얻을 수 있는 타이틀입니다.

 FC 바르셀로나

FC 바르셀로나는 스페인 프리메라리가에 소속된 축구 클럽입니다. 1928년 창단 이래로 스페인 최상위 리그를 떠난 적이 없으며, 코파 델 레이와 UEFA 슈퍼컵에서 가장 많은 우승을 기록한 팀이기도 하지요.

클럽의 홈구장인 '스포티파이 캄 노우'는 세계에서 가장 큰 축구 경기장 중 하나로, 경기마다 엄청난 숫자의 FC 바르셀로나 팬들이 찾아와 열렬한 응원을 펼치는 덕분에 원정 팀들은 번번이 패배를 맛보고 맙니다.

FC 바르셀로나는 유럽 축구 역사상 최초로 한 시즌 동안 6개 대회에서 우승을 기록한 클럽이기도 합니다. 또한 한 번도 달성하기 힘들다는 트레블을 두 번이나 달성했지요. 이러한 성공은 '라 마시아 데 칸 플라네스(이하 라 마시아)'라고 불리는 유소년 교육 시설에서 차근차근 어린 선수들을 키워 냈기에 가능했습니다. 라 마시아는 카를레스 푸욜, 안드레스 이니에스타, 리오넬 메시 등 세계적인 선수들을 배출했으며, 지금도 전 세계의 축구 꿈나무들이 모여 구슬땀을 흘리고 있습니다.

바르셀로나는 '티키타카'라는 전술로도 유명합니다. 이 전술은 짧고 빠른 패스를 주고받으며 공을 소유하는 전략입니다. 이렇게 공의 소유권을 늘려 나가면서 상대를 정신적으로 지치게 만들고 결국 실수를 이끌어 내지요. 차비 에르난데스, 안드레스 이니에스타, 세르히오 부스케츠는 이 전략을 활용해 2000년대 바르셀로나 FC의 황금기를 주도했습니다.

셋 FC 바이에른 뮌헨

FC 바이에른 뮌헨은 독일 축구를 대표하는 클럽으로, 분데스리가 11시즌 연속 우승이라는 업적을 달성했습니다. 또한 UEFA 챔피언스 리그 6회 우승, 트레블 2회 달성 등 수많은 기록을 보유하고 있어요. 두 번째 트레블을 달성했던 2019-20 시즌에는 UEFA 챔피언스 리그 전승 우승이라는 믿지 못할 성적을 거두기도 했습니다.

많은 유럽 클럽들이 선수 영입에 엄청난 금액을 지출하는 것과 달리, FC 바이에른 뮌헨은 합리적인 이적료를 책정하는 것으로 유명합니다. 그럼에도 화려한 우승 경력과 안정적인 구단 운영을 바탕으로 세계적인 선수들을 끌어모았지요. FC 바이에른 뮌헨에서 뛰었던 세계적인 선수 중에는 프랑크 리베리, 토마스 뮐러, 로베르트 레반도프스키 등이 있으며 최근에는 대한민국의 김민재 선수를 영입하기도 했습니다.

분데스리가 역사상 최고의 선수라고 불리는 게르트 뮐러는 1960~70년대 FC 바이에른 뮌헨에서 활동한 선수입니다. 그는 FC 바이에른 뮌헨 역사상 최다 골 기록 보유자로, 그의 몸에 닿기만 하면 골이 들어간다는 이야기가 있을 정도였지요. 게르트 뮐러는 FC 바이에른 뮌헨에서 여덟 차례나 득점왕에 올랐습니다.

넷 맨체스터 시티 FC

맨체스터 시티 FC는 영국 프리미어 리그 소속 축구 클럽입니다. 1880년 당시, 맨체스터 동부에는 직업을 잃고 범죄자가 된 이들이 많았습니다. 이들을 더욱 좋은 방향으로 이끌기 위해 교회에서 스포츠를 도입했지요. 그때 생겨난 축구 클럽이 세인트 마크스 웨스트 고튼, 지금의 맨체스터 시티 FC입니다.

초창기 맨체스터 시티 FC는 눈에 띄는 클럽이 아니었습니다. 하지만 1965년 조 머서 감독이 부임하면서 맨체스터 시티 FC는 달라졌습니다. 머서 감독은 단 4년 만에 강력한 공격진을 구성해 FA컵 우승, 풋볼 리그컵 우승, UEFA 컵위너스컵 우승 등을 달성하며 맨체스터 시티 FC에 첫 번째 전성기를 가져다주었습니다. 하지만 이러한 기쁨도 잠시, 1990년대에는 침체기에 빠지며 3부 리그로 강등당하는 아픔을 겪기도 했습니다.

2008년에는 맨체스터 시티 FC에 새로운 인물이 등장합니다. 아랍에미리트의 왕족 만수르가 맨체

FC 바이에른 뮌헨에서 연습에 참가하고 있는 토마스 뮐러
ⓒ Rufus46

맨체스터 시티 FC를 도약하게 만든 만수르
© Österreichische Außenministerium

란드는 프리미어 리그 단일 시즌 최다 득점(36골)을 기록한 공격수로, 맨체스터 시티 FC의 트레블을 이끌었어요.

맨체스터 시티 FC에서 활약하고 있는 케빈 더 브라위너

스터 시티 FC를 유럽에서 제일가는 클럽으로 만들겠다며 막대한 금액을 투자한 것입니다. 그는 높은 이적료를 지불하며 세계적인 선수들을 영입했고, 2016년에는 세계 최고의 감독으로 손꼽히던 펩 과르디올라 감독을 데려오는 데도 성공했습니다.

과르디올라가 부임한 후, 맨체스터 시티 FC는 프리미어 리그 최고의 클럽으로 거듭났습니다. 2017-18 시즌에는 프리미어 리그 역사상 최초로 승점 100점을 기록하며 우승을 차지했습니다.

이후로도 맨체스터 시티 FC는 꾸준히 강력한 모습을 보여 주었습니다. 2020-21 시즌에는 UEFA 챔피언스 리그 결승전에서 첼시 FC에 패하며 준우승에 머물기도 했지만, 2022-23 시즌에는 더욱 강력해진 모습으로 트레블을 기록하며 세계 축구의 정상에 우뚝 섰습니다.

맨체스터 시티 FC를 대표하는 선수로는 케빈 더 브라위너, 엘링 홀란드 등이 있습니다. 케빈 더 브라위너는 세계 최고로 손꼽히는 패스 능력과 넓은 시야로 미드필더에서 활약하고 있습니다. 엘링 홀

who? 지식 사전

프로 야구 리그의 명문 팀, 뉴욕 양키스

뉴욕 양키스는 미국의 프로 야구 리그인 메이저 리그(MLB)에서 가장 성공적인 팀 중 하나로, 1903년 창단 이후 월드 챔피언 타이틀을 27차례나 획득했어요. 베이브 루스, 루 게릭, 조 디마지오, 데릭 지터 등 수많은 전설적인 선수들이 이 팀의 유니폼을 입었습니다. 그중 베이브 루스는 15시즌 동안 홈런 659개를 날리는 엄청난 성적을 거두며 뉴욕 양키스를 최고의 팀으로 만들었습니다. 루 게릭은 베이브 루스 바로 뒤에 배치되어 뉴욕 양키스의 우승을 도왔죠. 우리나라에서는 박찬호 선수가 뉴욕 양키스에 입단해 활약하기도 했습니다.

6장

유럽 무대에 등장한 괴물

> "풋풋한 잔디 향,
> 동료들의 땀 냄새,
> 관중들의 함성.
> 모두 그리웠어!"

페레이라 감독의 발언은 김민재의 중국행이 결코 틀리지 않았음을 증명하는 것이었습니다. 중국 리그 경험이 유럽 진출의 중요한 발판이 된 셈이었기 때문입니다.

얼마 후

페네르바흐체 SK 대 안탈리아스포르

경기에 나서기에는 조금 이른 감이 있는데요. 과연 얼마나 적응했는지 모르겠군요.

한국에서 온 김민재 선수, 입단 일주일 만에 데뷔전을 치릅니다.

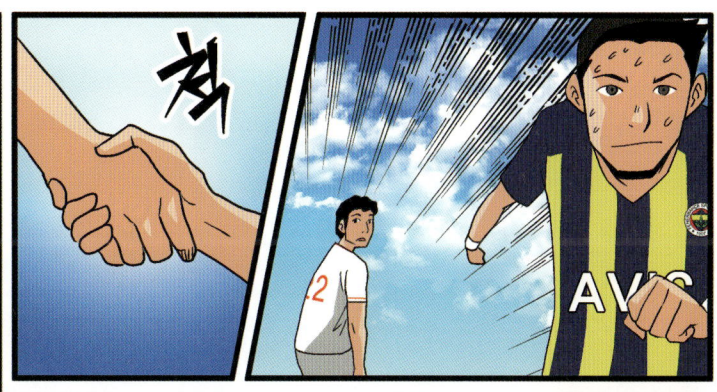

김민재는 페네르바흐체 SK 소속으로 한 시즌 동안 쉬페르리그 정규 리그 31경기를 포함해 유럽 축구 연맹(UEFA) 유로파 컨퍼런스 리그 등 총 40경기를 소화했습니다. 특히 경기마다 뛰어난 활약을 펼치며 현지 팬들의 열렬한 지지와 사랑을 받았습니다.

유럽에서도 변함없는 정상급 수비 실력을 선보이자 더욱 많은 유럽 클럽들이 김민재에게 관심을 보이기 시작했습니다.

몇 달 뒤인 2022년 7월 27일, SSC 나폴리의 공식 SNS에 김민재의 인사 동영상이 올라왔습니다.

안정환 선배님과 이승우 선수에 이어 대한민국 축구 역사상 세 번째로 세리에 A에서 뛰게 되었습니다. 무척 영광이고, 자랑스럽습니다.

SSC 나폴리가 속한 세리에 A는 잉글랜드 프리미어 리그, 스페인 프리메라리가, 독일 분데스리가와 더불어 세계 4대 리그로 평가받는 리그입니다.

통합지식 플러스 ❻

실내에서 즐기는 축구, **풋살**

풋살은 날씨에 상관없이
사계절 내내 즐길 수 있는 스포츠로
전 세계 사람들의 사랑을 받고 있습니다.
한순간도 눈을 뗄 수 없는
풋살의 세계로 떠나 볼까요?

하나 풋살의 역사

풋살은 규칙과 경기 방식이 축구와 비슷하지만, 축구를 보다 간소화시킨 형태의 스포츠입니다. 그래서 실내 축구, 미니 축구라고도 불리지요.

5명이 한 팀으로 구성되는 풋살은 11명이 한 팀을 이루는 축구보다 적은 인원으로 경기를 즐길 수 있습니다. 또한 실내 스포츠로 고안되었기 때문에 날씨와 상관없이 경기를 치를 수 있다는 장점이 있습니다.

경기의 흐름이 빠르고 역동적이라는 점은 풋살의 또 다른 장점이자 매력 포인트입니다. 이기는 팀은 안심할 수 없고 지는 팀은 호시탐탐 역전의 기회를 엿보며 추격하죠. 이처럼 풋살은 손에 땀을 쥐는 경기를 보여 주기 때문에 인기가 높습니다.

실내에서 즐기는 역동적인 스포츠, 풋살 ⓒ Sandro Halank

풋살의 시작은 1930년대 남아메리카로 거슬러 올라갑니다. 당시 우루과이의 체육 교사였던 카를로스 세리아니는 청소년을 위한 실내 축구를 만들기 위해 고민했습니다. 얼마 후 그는 농구장과 비슷한 크기의 경기장에서 5명이 한 팀을 이루어 경기를 치르는 형태의 새로운 스포츠, 풋살을 생각해 냈어요. 풋살은 곧 남아메리카의 여러 나라에서 인기를 끌기 시작했습니다.

풋살은 특히 축구를 무척 좋아하는 나라인 브라질에서 많은 사랑을 받았어요. 브라질의 전설적인 축구 선수인 펠레를 포함하여 많은 브라질 축구 선수들은 어린 시절 풋살을 즐겼다고 합니다. 풋살을 통해 경기의 흐름을 파악하고 공을 다루는 능력을 익혔다고 하지요. 또한 공중에서 공을 두고 다툴 일이 거의 없기 때문에 키가 작은 선수들도 화려한 기술을 뽐내며 실력을 키울 수 있었습니다.

첫 번째 국제 풋살 대회는 1965년 열린 남아메리카 컵입니다. 이때 우승을 차지한 나라는 파라과이였습니다. 그 후 1979년까지 6회에 걸쳐 남아메리카 컵이 개최되었는데, 모두 브라질 국가대표 팀이 우승했습니다.

1980년대로 들어서며 풋살은 서서히 공식적인 규칙을 만들기 시작했습니다. 1989년에는 국제 축구 연맹(FIFA)이 풋살을 공식 종목으로 인정하고 첫 번째 FIFA 풋살 월드컵을 개최했어요. 우승국은 역시 브라질이었습니다.

2014년에는 브라질의 수도 브라질리아에서 역사상 가장 많은 관중을 동원한 풋살 경기가 열렸습니다. 이때 찾아온 관중은 무려 56,000여 명에 달했습니다.

아시아에서도 1999년 1회 AFC 풋살 아시안컵이 열렸습니다. 한국은 이때 결승에 진출하여 이란에 1대 9로 크게 패했지만, 준우승이라는 훌륭한 성과를 거뒀습니다.

이후 한국에서도 2009년 공식 풋살 대회인 FK리그가 창설되었으며, 2010년에는 한국 풋살 연맹이 설립되어 풋살을 사람들에게 널리 알리는 데 힘쓰고 있습니다.

풋살의 규칙

풋살은 각각 5명의 선수로 구성된 두 팀이 경기를 펼칩니다. 각 팀에는 1명의 골키퍼가 있으며, 선수 교체는 자유롭습니다. 만약 퇴장당한 선수가 있으면 축구에서는 선수가 줄어든 상태로 경기를 지속하지만, 풋살은 2분이 지나면 퇴장된 선수를 대신해 새로운 선수를 투입할 수 있습니다.

경기장은 일반 축구장의 4분의 1 정도 크기입니다.

FIFA 풋살 월드컵 우승 트로피
ⓒ Policía Nacional de los colombianos

쳐집니다.

한 팀이 전반이나 후반에 5번 이상 파울을 범하면 상대 팀은 직접 프리킥 기회를 얻게 됩니다. 따라서 상대 팀의 파울을 이끌어 내면서도 신중하게 플레이해야 하지요.

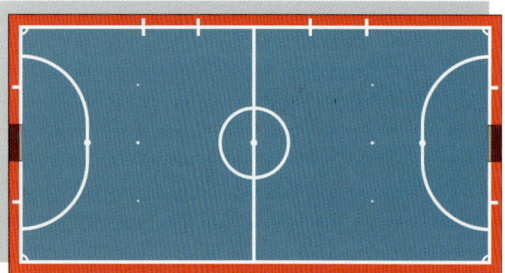

풋살 경기장의 모습 ⓒ EclecticArkie

가로 20m, 세로 40m로 핸드볼 경기장 크기와 비슷하지요. 이렇듯 작은 경기장에서 빠르게 공을 주고받기 때문에 높은 집중력과 빠른 반응 속도가 요구됩니다. 경기 도중 공이 경기장을 빠져나가면 공을 손으로 던지는 스로인 대신 발로 차서 넣는 킥인을 사용합니다.

최근에는 여성을 위한 풋살 대회도 점차 늘어나고 있습니다.
ⓒ Unknown photographer/Museu do Futebo

셋 FIFA 풋살 월드컵

FIFA 풋살 월드컵은 세계 최고의 풋살 팀들이 모여 실력을 겨루는 국제 대회입니다. 첫 번째 대회는 네덜란드에서 열렸으며, 이후 홍콩, 스페인, 과테말라 등 4년마다 다양한 국가에서 개최되고 있습니다.

브라질은 우승 5번, 준우승 1번이라는 놀라운 기록으로 풋살 최강자 자리를 지키고 있습니다. 스페인도 2번이나 우승을 차지하며 강력한 실력을 보여주었죠.

아시아에서는 이란이 4강에 2번 올라가며 좋은 성적을 거두었습니다. 2021년 리투아니아에서 열린 풋살 월드컵에서는 포르투갈과 아르헨티나가 각각

풋살은 축구보다 엄격한 규칙을 가지고 있습니다. ⓒ Harpagornis

경기는 전후반 각 20분씩 진행됩니다. 축구가 전후반 45분씩 총 90분 동안 진행되는 것을 생각하면 무척 짧은 시간이지요. 대신 풋살은 공이 경기장을 벗어나거나 반칙이 발생하면 시간을 멈춥니다. 또 풋살에서는 오프사이드 규칙이 없어, 경기 내내 긴장을 늦출 수 없는 흥미진진한 플레이가 펼

1, 2위를 차지하면서 풋살 종목의 새로운 강호로 떠올랐습니다.

새로운 강자로 떠오르고 있는 아르헨티나 풋살 팀
ⓒ Unknown author

한국은 아직 한 번도 풋살 월드컵에 진출하지 못했습니다. 풋살에 대한 인지도와 지원이 아직 다른 국가들에 비해 부족하기 때문이지요. 하지만 점차 많은 이들이 풋살을 즐기고 경기장도 점점 늘어나면서, 앞으로는 더 많은 선수들이 국제 무대에서 활약할 수 있을 것으로 보입니다.

많은 사람이 즐기는 풋살 ⓒ CDAG

who? 지식 사전

미국에서 가장 인기 있는 스포츠, 미식축구

미식축구는 '축구'라는 이름을 사용하지만, 실제로는 전혀 다른 형태의 스포츠입니다. 미식축구는 축구와 달리 주로 손을 사용하기 때문이지요. 한 팀이 11명으로 구성되는 것은 축구와 같습니다. 손을 사용하는 스포츠지만 전진 패스가 경우에 따라 허용된다는 점에서 럭비와도 구분됩니다.

게임이 진행되면 한 팀은 공격을, 한 팀은 수비를 맡게 됩니다. 이러한 모습은 야구와 비슷합니다. 공격권을 얻은 팀은 전략을 세워 전진하며 '엔드존'이라 불리는 골인 지점에 공을 들여보내야 합니다. 수비를 맡은 팀은 이를 막아 내며 공격권을 가져와야 하지요.

미국에서 미식축구는 야구, 농구, 아이스하키와 더불어 4대 스포츠라 불릴 정도로 인기가 많습니다. 미식축구 프로 리그인 내셔널 풋볼 리그(NFL)의 결승전 시청자는 평균 1억 명에 달하고, 뛰어난 성적을 올리는 프로 선수는 연봉 수백억 원을 받기도 합니다.

미식축구의 경기 모습 ⓒ Latics

7장

세계 최고의 수비수

> "이제 알겠어!
> 나의 떨림과 두근거림은
> 바로 설렘이었어!"

주변 사람들의 우려와 달리 김민재는 현지 팬들의 냉담한 반응에도 전혀 주눅 들지 않았습니다.

제법 정도가 아니라 최고야!

킴! 이제 너만 믿는다!

김민재는 데뷔전이라고 믿기 힘들 정도로 뛰어난 활약을 했고, 현지의 비판적인 여론은 언제 그랬냐는 듯 사라졌습니다.

한 달 뒤

데뷔와 동시에 곧바로 주전으로 자리 잡은 김민재는 입단 한 달 만에 세리에 A 이달의 선수 상을 받을 만큼 뛰어난 활약을 펼쳤습니다.

이적과 동시에 세리에 A에서 가장 주목받는 선수가 되었지만, 김민재를 진짜 들뜨게 한 것은 따로 있었습니다.

때가 됐다!

드디어.

그것은 바로 한 달 뒤에 열리는 2022 카타르 월드컵!

2018년 러시아 월드컵 때는 부상으로, 2020년 도쿄 올림픽 때는 소속 팀의 반대로 국가대표의 기회를 놓쳤던 김민재는 2022년 월드컵에서 드디어 국가대표로 활약할 수 있게 되었습니다.

오랜만이에요!

드디어 함께 월드컵을 뛰는구나!

민재 형만 있으면 후방은 걱정 없어!

툭

세리에 A에서 절정의 기량을 선보이던 김민재는 대한민국 국가대표 팀의 핵심 전력으로 손꼽혔습니다.

2023년 5월 5일, 김민재의 SSC 나폴리는 마침내 세리에 A 우승을 확정지었습니다. 97년 클럽 역사상 통산 세 번째 세리에 A 우승이자 무려 33년 만의 리그 정복이었습니다.

입단 당시 엄청난 도박이라고 무시당했던 김민재는 불과 한 시즌 만에 자신의 능력을 증명해 보이며 우승의 주역이 되었습니다.

김민재는 큰 성공에 안주하지 않고 곧바로 더 큰 무대로 나아갔습니다. 2023년 7월, 독일 분데스리가의 프로 축구 클럽인 FC 바이에른 뮌헨으로 이적하면서 또 한 번 팬들을 놀라게 한 것입니다.

바이에른 뮌헨은 모든 축구 선수의 꿈입니다. 전 여기에서 계속 발전하도록 노력할 것입니다.

같은 해 10월에는 발롱도르 22위에 이름을 올리며 자신의 능력이 세계적인 수준임을 증명했습니다. 후보로 거론된 선수들 중 수비수로서는 가장 높은 순위였습니다.

한 해 동안 전 세계에서 최고 활약을 보인 선수에게 주어지는 발롱도르는 축구 선수가 받을 수 있는 가장 명예로운 상으로 손꼽힙니다.

> 책을 다 읽은 뒤 내용을 되새기고 생각하는 시간도 필요합니다. 책에 대해 주변 사람들과 함께 이야기 나누면 더욱 좋아요!

인물 돋보기

대한민국의 든든한 수비수
'김민재'가 궁금해!

유럽 무대로 진출한 젊은 선수

김민재는 2017년 전북 현대 모터스에서 뛰던 시절부터 뛰어난 수비 능력과 안정적인 경기 운영으로 많은 이들의 주목을 받았어요. 그는 유럽에서도 큰 관심을 받았지만, 이미 중국 슈퍼 리그의 베이징 궈안과 계약이 진행된 뒤였습니다. 베이징 궈안에서 김민재는 리그 최고의 수비수 중 하나라는 평가를 받았습니다. 이는 그가 유럽으로 진출할 수 있는 발판이 되었지요.

2022년 김민재는 튀르키예의 페네르바흐체 SK에서 성공적인 시즌을 보내고 이탈리아 세리에 A의 SSC 나폴리로 이적하게 되었습니다. 그리고 첫 시즌에 리그 우승, 최우수 수비수 상, 베스트 11 선정을 모두 이루어 냈지요.

이후 김민재는 FC 바이에른 뮌헨의 적극적인 이적 요청을 받고 독일 분데스리가로 무대를 옮겼습니다.

압도적인 피지컬과 전략적 수비

김민재는 수비수로서 많은 장점을 가지고 있습니다. 가장 눈에 띄는 것은 190cm에 달하는 큰 키와 건장한 체격입니다. 그는 거대한 체구를 이용해 상대 선수를 압도하고 공중 볼 경합에서도 우위에 서곤 하지요.

김민재는 경기 영상을 통해 상대를 분석하기보다는 경기 중에 직접 상대를 파악하는 것을 좋아한다고 밝혔습니다. 영상은 선수의 단편적인 모습만을 보여 주기 때문에 전체적인 플레이를 파악하는 데 한계가 있다는 이유이지요. 이렇게 직접 몸을 부딪쳐 가면서 상대방을 알아 가기 때문에, 김민재는 일대일 상황에서 공격수를 저지하는 데 뛰어난 능력을 보여 줍니다.

무엇보다 중요한 것은 책임감과 배우려는 태도

김민재는 국가대표 팀에서 중요한 역할을 수행하며 팀의 '원백 수비' 전략을 이끌었습니다. 원백 수비는 골키퍼와 수비수 한 명을 제외한 모든 선수가 공격에 가담하여 득점 가능성을 최대한으로 끌어올리는 전략입니다. 하지만 혼자서 후방을 맡은 수비수는 무척 큰 부담을 가지게 되지요. 김민재는 그 부담을 이겨 내고, 뛰어난 위치 선정과 빠른 상황 판단 능력을 통해 수비 역할을 안정적으로 해냈습니다.

이러한 일을 해낼 수 있었던 배경에는 김민재의 강한 책임감이 있습니다. 그는 한두 번의 공격 차단이 팀원들에게 큰 영향을 미친다는 사실을 강조했어요. 예를 들어 자신의 수비로 다른 팀원 10명이 50m를 덜 달린다면, 이는 전체적으로 500m를 덜 달리는 것과 같다는 것이지요. 이는 팀원들의 체력에 큰 영향을 미치기 때문에 더욱 큰 책임감을 갖고 수비를 한다고 밝혔습니다.

또한 그는 자신이 타고난 선수가 아니기 때문에 항상 배우려는 자세로 성장해 왔다고 말합니다. 자신보다 더 뛰어난 신체 조건을 지닌 선수들을 많이 보았지만, 계속해서 배우면서 그들과 경쟁하려 했다는 말이지요.

축구장 너머의 사회적 기여

김민재는 최근 장애 어린이와 청년들을 위한 활동을 지원하며 사회적 기여에도 앞장서고 있습니다. 어린이들의 재활을 돕는 병원에 총 1억 원이 넘는 금액을 기부했지요. 그는 또한 경제적으로 어려운 상황에 처한 어린이들을 돕기 위해 장학금을 지원하고 스포츠 용품을 기부하는 등 다양한 활동을 펼치고 있습니다. 김민재가 일으킨 변화의 바람은 축구 경기장을 넘어 사회에도 불고 있습니다.

뭐라고 하더라?

그림 이유철

김민재 연표

1996~
- 11월 15일 경상남도 통영시에서 출생
- 가야 초등학교 축구부 가입

2012~2014
- 수원 공업 고등학교 진학
- 전국 고교 축구 왕중왕전 우승
- 전국 고교 축구 왕중왕전 최우수 수비수 선정

2019~2020
- 베이징 궈안 이적
- AFC 아시안컵 토너먼트의 팀 선정
- 중국 슈퍼 리그 베스트 11 선정
- EAFF E-1 풋볼 챔피언십 우승

2021
- 페네르바흐체 SK 이적
- CIES 쉬페르리그 올해의 팀 선정

2017

- 전북 현대 모터스 입단
- K리그1 우승
- K리그1 영 플레이어 상 수상

2018

- 자카르타·팔렘방 아시안 게임 축구 종목 금메달
- K리그1 베스트 11 2년 연속 선정

2022

- SSC 나폴리 이적
- AFC 올해의 해외파 선수 선정
- 월드컵 16강 진출

2023

- 세리에 A 우승
- 발롱도르 22위
- 세리에 A 최우수 수비수 선정
- KFA 올해의 선수 선정

들어가고 싶은 꿈의 팀이 있나요?

FC 바이에른 뮌헨 입단 당시, 김민재는 "뮌헨 입단은 모든 축구 선수의 꿈입니다. 여기서 어떤 일이 벌어질지 정말 기대됩니다. 저에겐 새로운 시작이고 더욱 발전하도록 노력할 것입니다."라고 말하며 새 팀에 대한 강한 애정을 드러냈습니다. 여러분에게도 축구 선수로서, 혹은 코치나 감독으로 들어가고 싶은 꿈의 팀이 있나요? 그 팀에 들어가고 싶은 이유는 무엇인지, 그 팀에서 뛴 유명한 선수들은 누가 있는지 생각해 봅시다.

내가 들어가고 싶은 팀과 그 이유

_____

_____

_____

그 팀에서 활약한 선수

선수가 뛰는 모습을 그려 주세요!

선수가 뛰는 모습을 그려 주세요!

이름:

키/몸무게: cm /   kg

현재 소속 팀:

포지션:

골 세리머니:

받은 상/우승 경험:

특징:

이름:

키/몸무게: cm /   kg

현재 소속 팀:

포지션:

골 세리머니:

받은 상/우승 경험:

특징:

김민재 선수가 되어 인터뷰를 해 봐요!

책을 읽고 김민재 선수에 대해 알게 되었나요? 다음의 질문에 김민재 선수가 되어 답해 보세요. 책에 나와 있는 내용이라면 그대로 답하고, 나와 있지 않은 내용이라면 자유롭게 상상하여 답해 보세요. 자신만의 질문을 만들어서 답해 보는 것도 좋아요. 축구 선수의 입장을 생각해 보는 재미있는 시간이 될 거예요.

 축구를 시작하게 된 계기는 무엇인가요?

_____

_____

_____

축구 선수로서 앞으로 이루고 싶은 목표는 무엇인가요?

_____

_____

_____

 만약 축구 선수가 아니었다면 어떤 직업을 가졌을까요?

_____

_____

_____

 가장 기억에 남는 경기는 어떤 경기인가요?

_____

_____

_____

 스스로 묻고 답하기

_____

_____

_____

 스페셜

김민재

초판 1쇄 인쇄 2024년 6월 14일
초판 1쇄 발행 2024년 6월 27일

글 스토리랩 그림 이유철 표지화 신춘성

펴낸이 김선식
펴낸곳 다산북스

부사장 김은영
어린이사업부총괄이사 이유남
책임편집 마정훈 **디자인** 김은지 **책임마케터** 안호성
어린이콘텐츠사업1팀장 박정민 **어린이콘텐츠사업1팀** 김은지 박세미 강푸른
마케팅본부장 권장규 **마케팅3팀** 최민용 안호성 박상준 송지은 김희연
미디어홍보본부장 정명찬
편집관리팀 조세현 김호주 백설희 **저작권팀** 한승빈 이슬 윤제희 **제휴홍보팀** 류승은 문윤정 이예주
재무관리팀 하미선 윤이경 김재경 이보람 임혜정 이슬기
인사총무팀 강미숙 지석배 김혜진 황종원
제작관리팀 이소현 김소영 김진경 최완규 이지우 박예찬
물류관리팀 김형기 김선민 주정훈 김선진 한유현 전태연 양문현 이민운

출판등록 2005년 12월 23일 제313-2005-00277호
주소 경기도 파주시 회동길 490
전화 02-704-1724 **팩스** 02-703-2219
다산어린이 카페 cafe.naver.com/dasankids   **다산어린이 블로그** blog.naver.com/stdasan
종이 IPP **인쇄 및 제본** 상지사 **코팅 및 후가공** 평창피앤지

ISBN 979-11-306-5360-0 14990

- 책값은 표지 뒤쪽에 있습니다.
- 파본은 본사와 구입하신 서점에서 교환해 드립니다.
- 이 책은 저작권법에 의하여 보호를 받는 저작물이므로 무단 전재와 복제를 금합니다.
- 이 책에 실린 사진의 출처는 셔터스톡, 위키피디아, 연합뉴스 등입니다.

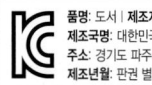

품명: 도서 | **제조자명**: 다산북스
제조국명: 대한민국 | **전화번호**: 02)704-1724
주소: 경기도 파주시 회동길 490
제조년월: 판권 별도 표기 | **사용연령**: 8세 이상

※ KC마크는 이 제품이 공통안전기준에 적합하였음을 의미합니다.

who? 한국사

초등 역사 공부의 첫 단추! '인물'을 알아야 시대가 보인다

● 선사·삼국   ● 남북국   ● 고려   ● 조선   ● 근대

01 단군·주몽	13 견훤·궁예	25 조광조	37 김정호·지석영
02 혁거세·온조	14 왕건	26 이황·이이	38 전봉준
03 근초고왕	15 서희·강감찬	27 신사임당·허난설헌	39 김옥균
04 광개토 대왕	16 묘청·김부식	28 이순신	40 흥선 대원군·명성 황후
05 진흥왕	17 의천·지눌	29 광해군	41 허준
06 의자왕·계백	18 최충헌	30 김홍도·신윤복	42 선덕 여왕
07 연개소문	19 공민왕	31 정조	43 윤봉길
08 김유신	20 정몽주	32 김만덕·임상옥	44 안중근
09 대조영	21 이성계·이방원	33 정여립·홍경래	45 유관순
10 원효·의상	22 정도전	34 박지원	46 을지문덕
11 장보고	23 세종 대왕	35 정약용	
12 최치원	24 김종서·세조	36 최제우·최시형	

※ who? 한국사(전 46권) | 대상 초등학교 전 학년 | 책 크기 188×255 | 각 권 페이지 190쪽 내외

who? 인물 중국사

인물로 배우는 최고의 역사 이야기

01 문왕·무왕	09 제갈량·사마의	17 주원장·영락제	25 루쉰
02 강태공·관중	10 왕희지·도연명	18 정화	26 장제스·쑹칭링
03 공자·맹자	11 당 태종·측천무후	19 강희제·건륭제	27 마오쩌둥
04 노자·장자	12 현장 법사	20 임칙서·홍수전	28 저우언라이
05 한비자·진시황	13 이백·두보	21 증국번·호설암	29 덩샤오핑
06 유방·항우	14 왕안석·소동파	22 서 태후·이홍장	30 시진핑
07 한 무제·사마천	15 주희·왕양명	23 캉유웨이·위안스카이	
08 조조·유비	16 칭기즈 칸	24 쑨원	

※ who? 인물 중국사(전 30권) | 대상 초등학교 전 학년 | 책 크기 188×255 | 각 권 페이지 190쪽 내외

who? 아티스트

최고의 명작을 탄생시킨 아티스트들을 만나다

● 문화·예술·언론·스포츠

01 조앤 롤링	11 김연아	21 강수진	31 우사인 볼트
02 빈센트 반 고흐	12 오드리 헵번	22 마크 트웨인	32 조성진
03 월트 디즈니	13 찰리 채플린	23 리오넬 메시	33 마리아 칼라스
04 레오나르도 다빈치	14 펠레	24 이사도라 덩컨	34 오귀스트 로댕
05 오프라 윈프리	15 레프 톨스토이	25 앤디 워홀	35 오리아나 팔라치
06 마이클 잭슨	16 버지니아 울프	26 백남준	36 프레데리크 쇼팽
07 코코 샤넬	17 마이클 조던	27 마일스 데이비스	37 시몬 드 보부아르
08 스티븐 스필버그	18 정명훈	28 안도 다다오	38 존 레넌
09 루트비히 판 베토벤	19 한스 크리스티안 안데르센	29 조지프 퓰리처	39 밥 말리
10 안토니 가우디	20 미야자키 하야오	30 프리다 칼로	40 파블로 피카소

※ who? 아티스트(전 40권) | 대상 초등학교 전 학년 | 책 크기 188×255 | 각 권 페이지 190쪽 내외

who? 인물 사이언스

기술로 세상을 발전시킨 과학자들의 이야기

● 과학 · 탐험 · 발명
- 01 알베르트 아인슈타인
- 02 스티븐 호킹
- 03 루이 브라유
- 04 찰스 다윈
- 05 제인 구달
- 06 장 앙리 파브르
- 07 마리 퀴리
- 08 리처드 파인먼
- 09 어니스트 섀클턴
- 10 루이 파스퇴르
- 11 조지 카버
- 12 아멜리아 에어하트
- 13 알렉산더 플레밍
- 14 그레고어 멘델
- 15 칼 세이건
- 16 라이너스 폴링
- 17 빌헬름 뢴트겐
- 18 벤저민 프랭클린
- 19 레이철 카슨
- 20 김택진

● 공학 · 엔지니어
- 21 래리 페이지
- 22 스티브 잡스
- 23 빌 게이츠
- 24 토머스 에디슨
- 25 니콜라 테슬라
- 26 알프레드 노벨
- 27 손정의
- 28 라이트 형제
- 29 제임스 와트
- 30 장영실
- 31 알렉산더 그레이엄 벨
- 32 카를 벤츠
- 33 마이클 패러데이
- 34 루돌프 디젤
- 35 토머스 텔퍼드
- 36 일론 머스크
- 37 헨리 포드
- 38 헨리 베서머
- 39 앨런 튜링
- 40 윌리엄 쇼클리

※ who? 인물 사이언스(전 40권) | 대상 초등학교 전 학년 | 책 크기 188×255 | 각 권 페이지 180쪽 내외

who? 세계 인물

만화로 만나는 세상을 바꾼 위대한 인물들의 이야기

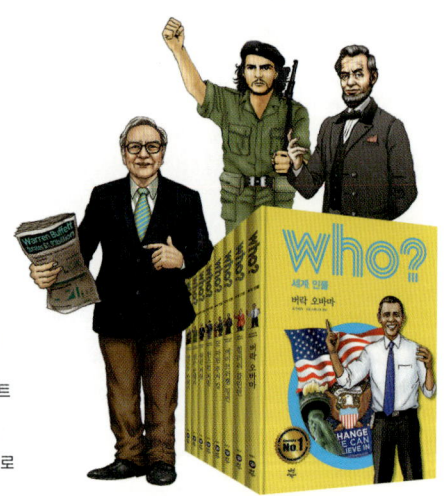

● 정치 ● 경제 ● 인문 ● 사상
- 01 버락 오바마
- 02 힐러리 클린턴
- 03 에이브러햄 링컨
- 04 마틴 루서 킹
- 05 윈스턴 처칠
- 06 워런 버핏
- 07 넬슨 만델라
- 08 앤드루 카네기
- 09 빌리 브란트
- 10 호찌민
- 11 체 게바라
- 12 무함마드 유누스
- 13 마거릿 대처
- 14 앙겔라 메르켈
- 15 샘 월턴
- 16 김대중
- 17 드와이트 아이젠하워
- 18 김순권
- 19 아웅산수찌
- 20 마쓰시타 고노스케
- 21 마하트마 간디
- 22 헬렌 켈러
- 23 마더 테레사
- 24 알베르트 슈바이처
- 25 임마누엘 칸트
- 26 로자 룩셈부르크
- 27 카를 마르크스
- 28 노먼 베쑨
- 29 존 메이너드 케인스
- 30 마리아 몬테소리
- 31 피터 드러커
- 32 왕가리 마타이
- 33 마거릿 미드
- 34 프리드리히 니체
- 35 이종욱
- 36 지크문트 프로이트
- 37 존 스튜어트 밀
- 38 하인리히 슐리만
- 39 헨리 데이비드 소로
- 40 버트런드 러셀

※ who? 세계 인물(전 40권) | 대상 초등학교 전 학년 | 책 크기 188×255 | 각 권 페이지 180쪽 내외

who? 스페셜 · K-pop

아이들이 가장 만나고 싶고, 닮고 싶은 현대 인물 이야기

스페셜
- 유재석
- 류현진
- 박지성
- 문재인
- 안철수
- 손석희
- 노무현
- 이승엽
- 손흥민
- 추신수
- 박항서
- 박종철 · 이한열
- 노회찬
- 봉준호
- 도티
- 홀트부부
- 페이커
- 엔초 페라리 & 페루치오 람보르기니
- 제프 베이조스
- 권정생
- 김연경
- 조수미
- 오타니 쇼헤이
- 킬리안 음바페
- 김민재
- 이강인

K-pop
- 보아
- BTS 방탄소년단
- 트와이스
- 아이유
- 블랙핑크

※ who? 스페셜 · K-pop | 대상 초등학교 전 학년 | 책 크기 188×255 | 각 권 페이지 190쪽 내외